COLLECTION JAPONAISE HENRI PORTIER

OBJETS D'ART
ET
DE CURIOSITÉ

GRAND BOUDDHA DU TEMPLE DE DJO FOUKOUIU

BRONZES — LAQUES — BOIS SCULPTÉS — IVOIRES

PORCELAINES — INROS — TABATIÈRES

GARDES

Estampes Japonaises

SUITE HISTORIQUE DEPUIS LE XVIIe SIÈCLE JUSQU'AU XIXe

Peintures et Albums

VENTE A L'HOTEL DES COMMISSAIRES-PRISEURS

RUE DROUOT, SALLE N° 10

Les mercredi 22, jeudi 23, vendredi 24 janvier 1902

A DEUX HEURES DE L'APRÈS-MIDI

EXPOSITION

Le mardi 21 janvier de 2 heures à 6 heures

Me Maurice DELESTRE
COMMISSAIRE-PRISEUR
5, rue Saint-Georges.

M. Ernest LEROUX
EXPERT
28, rue Bonaparte, VIe

ERNEST LEROUX, ÉDITEUR

28, RUE BONAPARTE, 28

OUVRAGES RELATIFS AU JAPON

APPERT (G.). Ancien Japon. In-18 avec cartes, marques, cachets, etc., cart. 10 fr. »

BÉNAZET. Le Théâtre japonais. Un beau volume in-8, richement illustré 7 fr. 50

BERTIN (L. E.). Les grandes guerres civiles du Japon. — Les Taïra et les Minamoto. Histoire et Légendes. Beau volume gr. in-8, richement illustré . . . . 20 fr. »

BLONDEL (S.). Le jade. In-8 2 fr. »

COURANT (M.). Grammaire de la langue japonaise parlée. In-18 . . 8 fr. »

DESHAYES (E.). La céramique japonaise Les principaux centres de fabrication céramique au Japon, par Oueda Tokounosouke. In-18. . . . . . . 3 fr. 50

DURET (Th.). Catalogue des livres et albums illustrés du Japon, au département des estampes de la Bibliothèque Nationale. In-8, avec dessins et planches en couleur. . . . . 7 fr. 50

HOFFMANN. A japanese Grammar. Second edition. In-8, perc. . 25 fr. »

LEQUEUX. Le théâtre japonais. In-18 2 fr. 50

LEROUX (Ernest). Catalogues descriptifs et raisonnés de peintures et estampes japonaises. 28 volumes et brochures, avec prix marqués . . . . 80 fr. »

METCHNIKOFF (Léon). L'Empire Japonais. In-4, fig. et cartes. . 25 fr. »

— Le même, élégamment cartonné, tranches rouges. . . . . . . 30 fr. »

MILLIOUD (A.). Histoire du couvent catholique de Kyôto. In-8 . 2 fr. »

MILLOUÉ (L. de). Coffre à trésor attribué au Shogoun Iyé-Yoshi (1838-1853). Etude héraldique et historique. In-8, fig. . . . . 10 fr. »

— Si dô in-dzou. Gestes de l'officiant dans les cérémonies mystiques des sectes Tendaï et Singou (bouddhisme japonais). In-8, 18 planches . 15 fr. »

PETITJEAN (Mgr.). Lexicon latino japonicum. In-4 de 749 pages. 40 fr. »

RODRIGUEZ. Éléments de la grammaire japonaise, traduits du portugais par C. Landresse. In-8 . . . . 7 fr. 50

ROSNY (L. de). La civilisation japonaise. In-18. . . . . 5 fr. »

— Catalogue de la Bibliothèque japonaise de Nordenskiœld. In-8 . . 15 fr. »

— La déesse solaire Ama Terasou et les origines du Sintauisme. In-8 1 fr. 50

— Le Taoïsme. In-8 . . . . 6 fr. »

— Le livre canonique de l'antiquité japonaise. Histoire des dynasties divines, traduite sur le texte original et accompagné d'une glose inédite en chinois et d'un commentaire perpétuel. 2 fasc. in-8. Chaque . . . . . . 15 fr. »

I. La Genèse. — II. Le règne du Soleil. — III. L'Exil.

— Feuilles de Momidzi. Mélanges de littérature japonaise. Un beau volume in-8. illustré . . . . 7 fr. 50

STEENACKERS (F.). Cent proverbes japonais, illustrés et 200 dessins japonais tirés en noir et en couleur. Un beau volume in-4, sur papier teinté fort. 25 fr. »

TURRETTINI (F.). Heike monogatare. Récits de l'histoire du Japon au XVe siècle, traduction. In-4, fig. . . . 2 fr. »

— Tami-no nigivai. L'activité humaine. Contes moraux. Texte et traduction. In-4, fig. . . . . 6 fr. »

— Komats et Sakitsi. Texte et traduction. In-4 . . . . 15 fr. »

— Histoire des Taïra. Traduction. In-4. 8 fr. »

— Astrologia giapponese, versione di A. Severini. In-4, fig. . . 20 fr. »

ANGERS. — IMP. A. BURDIN ET Cie, RUE GARNIER, 4.

COLLECTION JAPONAISE

HENRI PORTIER

OBJETS D'ART, ESTAMPES

ALBUMS & PEINTURES

ORDRE DES VACATIONS

Mercredi 22 Janvier.	ESTAMPES,	Nos 1 — 130.
	TABATIÈRES,	461 — 486.
	GARDES DE SABRES,	487 — 490.
	OBJETS DIVERS,	491 — 499.
Jeudi 23 Janvier.	ESTAMPES.	131 — 255.
	POTERIES,	400 — 407.
	PORCELAINES,	408 — 433.
	IVOIRES,	434 — 440.
Vendredi 24 Janvier.	ESTAMPES ET ALBUMS,	256 — 378.
	PEINTURE BOUDDHIQUE.	379
	KAKÉMONO DE KORIN,	380
	KAKÉMONOS,	381 — 386.
	PARAVENT d'HANABOUSA ITCHÔ.	387
	BRONZES-FER,	389 — 394.
	BOIS SCULPTÉS,	395 — 399.
	ARGENT,	441 — 442.
	LAQUES,	443 — 445.
	INRÔS,	446 — 451.
	JADES,	452 — 460.
	GRAND BOUDDHA DE TEMPLE,	388

CONDITIONS DE LA VENTE

La vente sera faite au comptant.

Les acquéreurs payeront *dix pour cent* en sus des prix d'adjudication.

L'exposition mettant le public à même de se rendre compte de la valeur des objets, il ne sera admis aucune réclamation, l'adjudication prononcée.

M. ERNEST LEROUX remplira les commissions des personnes qui ne pourraient assister à la vente.

COLLECTION JAPONAISE HENRI PORTIER

OBJETS D'ART

ET

DE CURIOSITÉ

GRAND BOUDDHA DU TEMPLE DE DJO FOUKOUIU

BRONZES — LAQUES — BOIS SCULPTES — IVOIRES

PORCELAINES — INROS — TABATIÈRES

GARDES

Estampes Japonaises

SUITE HISTORIQUE DEPUIS LE XVIIe SIÈCLE JUSQU'AU XIXe

Peintures et Albums

VENTE A L'HOTEL DES COMMISSAIRES-PRISEURS

RUE DROUOT, SALLE N° 10

Les mercredi 22, jeudi 23, vendredi 24 janvier 1902

A DEUX HEURES DE L'APRÈS-MIDI

EXPOSITION

Le mardi 21 janvier de 2 heures à 6 heures

Me Maurice DELESTRE	**M. Ernest LEROUX**
COMMISSAIRE-PRISEUR	EXPERT
5, rue Saint-Georges.	28, rue Bonaparte, VIe

COLLECTION HENRI PORTIER

ESTAMPES JAPONAISES

PREMIÈRE PÉRIODE

XVIIe SIÈCLE ET PREMIÈRE MOITIÉ DU XVIIIe

HISHIKAWA MORONOBOU

Le créateur de l'estampe japonaise au XVIIe siècle
et le fondateur de l'école *oukiyo-yé.*

1. Le cortège de l'ambassadeur de Corée : Sur une longue digue circulaire qui vient rejoindre les premières maisons de la ville, où sont massés des curieux, le cortège se déroule : des cavaliers porte-étendards, des musiciens jouant du tambour ou de la flûte, puis l'ambassadeur porté dans un kago et enfin toute une escorte de soldats japonais. Pièce de grand format oblong. Rare.

2. La mort du Bouddha. Au centre, dans une sorte de rotonde formée par les troncs de grands arbres, le Bouddha est couché

sur son lit funéraire. Tout autour de lui sont agenouillés ses disciples favoris. Plus bas, toutes sortes d'animaux prennent part à la douleur universelle, et, dans le ciel, plusieurs divinités assistent au triste spectacle.

3. Trois pièces de format oblong. Curieuses scènes d'intérieur à plusieurs personnages. Estampes de la plus grande rareté, en excellent tirage.

4. Cortège d'une princesse. Long défilé de soldats, de cavaliers, de porteurs, en trois bandes superposées. A la fin, le kago de la princesse suivi d'un groupe de serviteurs. Pièce de grand format oblong, fatiguée.

5. Une jonque chinoise, sur laquelle des hommes de l'équipage se livrent à des exercices d'acrobatie. L'un grimpe au mât, un autre descend sur le ventre le long d'un cordage. Les chefs assistent au spectacle.

LES TORII

TORII KIYONOBOU

Commencement du XVIIIe siècle.

6. Acteur de drame dans une scène de violente passion. Belle pièce de format étroit.

7. Deux pièces de format étroit en hauteur, tirage en noir et vert. Scènes de théâtre.

8. Scènes de combat au théâtre. Grande pièce carrée, bistrée, tirage à tons noirs laqués de la série des *ourousbi-é*.

9. Guerrier à cheval, grande pièce au trait.

10. Scène de drame à deux personnages. Pièce de format étroit, en beau tirage, noirs laqués.

11. Deux acteurs de comédie. Scène sur une terrasse au bord de la rivière. Estampe de format étroit, tirage à deux tons. Excellente pièce.

12. Deux acteurs avec de grands chapeaux de paille. Belle estampe de format oblong.

TORII KIYOMASSOU

Le successeur de Kiyonobou.

13. Le Cortège de l'ambassadeur de Corée. Ancienne et rarissime estampe à deux bandes superposées, traitée comme dessin et comme coloris à la manière de nos vieilles images populaires. Très intéressante à cet égard, comme pièce de comparaison.

Le Cortège de l'ambassadeur de Corée est un sujet souvent reproduit dans l'estampe japonaise. Cet ambassadeur venait annuellement apporter le tribut auquel son pays était soumis depuis la fameuse guerre de l'impératrice Djingou-Kogo (200 ap. J.-C.).

14. Portrait d'acteur. Belle pièce à tons jaune et noir, avec semis d'or.

15. Trois pièces. Scènes de drames. Œuvres rares.

16. Deux pièces. Acteur en femme. — Femme debout sous un parapluie.

17. Scène à deux personnages dans un intérieur.

18. Femme sous un parasol. Jolie figurine en tirage à deux tons, rose et vert, sur fond blanc couvert de poésies.

19. Scène de théâtre à deux personnages, pièce laquée et saupoudrée d'or. De la série des *ourousbi é*.

20. Scène à trois personnages. Format oblong, tirage à tons rose et jaune.

21. Deux pièces format étroit en hauteur, fond gris.
   1. Scène de théâtre à deux personnages.
   2. Acteur gambadant auprès d'une plateforme sur laquelle est représenté un petit tigre.

TORII KIYOMITSOU

Fils de Kiyomassou.

22. Les jeux de l'enfance. Charmante suite de 12 planches de petit format, imprimées à deux tons, rose et vert. Très rare.

23. Les guerriers. Deux cavaliers en grand attirail militaire se défient au combat. L'un chevauche sur la route, l'autre descend la rivière à la nage. Belle pièce de grand format oblong.

24. Kintoki, l'enfant rouge, jouant à une espèce de jeu de loto avec quatre diablotins.

ESTAMPES EN HAUTEUR

25. Deux acteurs de drame. Bonne pièce, format en hauteur.

26. Deux pièces. Dame en promenade. Jeux d'enfants.

27. Deux pièces. Jeune femme dans la campagne. — Dame portant un vase de fleurs en forme de chariot.

28. Deux estampes. Un acteur. — Personnage de drame tenant une longue flèche.

29. Un marchand de chaussures.

30. Scène de théâtre à deux personnages.

31. Femme échevelée portant un baquet plein de linge.

32. Joueuse de shamisen.

33. Femme d'O-hara portant sur la tête un panier rempli de branches de pin.

TORII KIYOHIRO

Fin du XVIIIe siècle.

34. Un Komosso, son grand chapeau à la main. Belle pièce de format étroit à deux tons rose et vert.

35. Combat entre deux personnages aux musculatures étranges, noirs laqués et semis d'or.

TOSHI MASSA

XVIIIe siècle.

36. Deux pièces rares, sur papier bistré.
   1. Galant sous les fenêtres de sa belle.
   2. Marchand ambulant.

PIÈCES DU XVIIIe SIÈCLE

37. Guerrier fièrement campé, s'appuyant sur un étendard planté en terre et décoré d'armoiries. Pièce de petit format carré, imprimée avec un ton jaune.

38. Scène de drame à deux personnages. Pièce étroite en hauteur sur papier bistré, tirage à deux tons avec noirs laqués.

TORII KIYOTOMO

39. Deux pièces rares, de format étroit en hauteur.
Deux femmes, l'une portant une boîte à miroir.
Scènes de comédie, deux scènes superposées.

40. Deux autres pièces de même format.
Acteurs en femmes.

TORII KIYOTSOUNÉ

Condisciple de Kiyohiro.

41. Le drame des Ronins. Grande composition nous faisant assister à l'assaut de la demeure de Kira et nous montrant toutes les péripéties du combat, à l'extérieur aussi bien qu'à l'intérieur du palais.

42. Vue du rez-de-chaussée et du premier étage d'une maison, avec ses habitants. Curieuse pièce de grand format oblong.

ATELIER DES TORII

43. Trois jeunes femmes, costume rose à surtout noir laqué, fond gris.

44. Autre exemplaire de la même pièce.

45. Acteur en guerrier, se livrant à une gesticulation désordonnée.

46. Sept estampes de format carré, fond gris. Tirage à deux tons.
Cueillette de momidzi. — Scène fantastique. — Hotei et des petits garçons. — Jeunes filles attachant des devises aux cerisiers en fleurs. — Hotei, Yebisou et Benten dans une barque, etc.

LES OKOUMOURA

OKOUMOURA MASSANOBOU

Fin du XVIIe siècle.

Son dessin vigoureux, son style rappellent souvent Moronobou et les premiers Tori-i dont il était le contemporain.

47. Intérieur d'une maison de plaisir. Composition disposée à la manière d'un triptyque. La boiserie rouge de l'édifice forme comme un encadrement à la scène principale où l'on voit des femmes jouant au gô, d'autres lisent, peignent, écrivent: deux enfants font leurs dévotions devant les autels domestiques. Par une porte ouvrant sur une grande salle, on voit s'avancer un riche seigneur, et, de l'autre côté, une large baie laisse apercevoir le spectacle animé de la rue. Pièce rare en beau tirage.

48. Le Tribunal militaire. Devant huit guerriers, rangés en demi-cercle sur une terrasse à claire-voie, un pauvre diable est agenouillé. Deux groupes de soldats le surveillent. La scène est au bord d'un lac sur lequel s'élève un château-fort aux bannières flottantes. Estampe intéressante par le groupement des personnages et par l'expression des physionomies si curieusement observées.

49. Danse de guésha. Une jeune femme exécute un pas, accompagnée par une joueuse de shamisen. Elle a pour spectateurs quelques amis réunis dans un grand salon qui communique avec les pièces voisines artistement décorées.

50. La musicienne. Debout, dans son élégant costume, sur lequel tranche une large ceinture noire, elle tient d'une main un shamisen et de l'autre le plectre qui vient de faire vibrer les cordes. A ses pieds, un nécessaire de fumeur.

51. Deux figures élégantes. Une guésha agitant un grelot et un joli garçon tenant un tsouzoumi. Belle pièce en format kakémono.

52. Deux estampes de grand format en hauteur, tirées en tons

violents et traitées dans un genre caricatural : Combat burlesque. — Danseur de Nô.

53. Une dame et une petite fille portant une poupée sur son épaule. Estampe d'un bon dessin net et précis, rehaussé d'un coloris léger avec noirs laqués et semis d'or.

54. Scènes diverses à la campagne. Quatre estampes de petit format en hauteur, en beau tirage, avec noirs laqués et semis d'or sur certaines parties. Pièces intéressantes de la première manière de l'artiste.

55. Quatre estampes de petit format en hauteur, dans le style de Moronobou. Pièces laquées et dorées d'un très bon style, mais fatiguées.
   1. Femme en promenade avec sa suivante.
   2. Même sujet.
   3. Même sujet.
   4. Guerrier s'élançant au combat, au grand galop de son cheval. De la main droite, il agite un éventail.

56. Jeune femme portant sur l'épaule une branche fleurie ornée de devises.

57. Un aigle sur un rocher. Belle pièce.

58. Défilé de troupes sur une route circulaire au bord d'une rivière.

59. Intérieur d'un théâtre. Sur la scène un bateau avec deux acteurs de drame. Dans la salle, du monde partout, dans les loges aussi bien qu'au parterre.

60. Trois estampes de petit format en hauteur.
   1. Une grue au bord de la mer. Pièce en noir.
   2. Deux petits garçons lisant.
   3. Un shoki caricatural en larges bottes, en manteau de paille, au vaste couvre-chef. Pièces en traits blancs sur fond noir.

OKOUMOURA TOSHINOBOU

(Commencement du XVIIIe siècle)

Suite de pièces d'un dessin vigoureux, avec de grands aplats noirs et des rehauts aquarellés de tons légers, jaunes ou roses. Les figures rondes

des personnages, l'air placide de leur physionomie, leurs gestes un peu lourds sont exprimés par l'artiste dans une manière qui lui est bien personnelle et qui n'est pas sans charme.

61. Un samourai debout. Pièce laquée, avec semis d'or.

62. Causerie de femmes.

63. Femme, la tête couverte d'un grand chapeau de paille. Elle marche d'un pas rapide, portant une boîte à la main. Deux sabres sont passés à sa ceinture. La légèreté de la démarche, l'ample vêtement flottant donnent une belle allure à cette gracieuse composition.

64. Un homme portant une lanterne. Scène dans un jardin.

65. Un homme tenant de ses deux mains son vaste chapeau de paille. Fond gris.

66. Un homme tenant d'une main une enveloppe fermée, et de l'autre un éventail. Près de lui une table avec des plumes de paon et, derrière, une boutique où sont suspendus des chapeaux de paille.

67 Dame en promenade. Belle pièce à fond gris, à semis d'or.

68. Shoki, le tueur de diables, sur un dragon.

69. Personnage velu couché à terre auprès d'une vaste coupe à saké. Pièce en noir, de format oblong.

LES NISHIMOURA

NISHIMOURA SHIGHÉNAGA

(Milieu du XVIIIe siècle)

70. Six estampes en petit format kakémono. Scènes dans la campagne. Pièces curieuses qui nous offrent les premiers essais d'un artiste japonais dans le paysage. En dépit de l'inexpérience, et malgré tout ce que le dessin présente encore ici de conventionnel, on sent néanmoins l'effort et la volonté de copier la nature. Les petits bonhommes des premiers plans sont spirituellement dessinés.

71. Quatre estampes, même format, sujets analogues.

72. Une dame portant une boîte. Belle pièce en petit format kakémono, sur fond gris. Robe noire à décor de bambous, tirage à trois tons avec semis d'or.

73. Femme jouant avec des chats.

NISHIMOURA SHIGHÈNOBOU

74. Deux pièces excellentes, d'un dessin énergique, aquarellé de tons légers. Format étroit en hauteur, très bon tirage.
   1. Acteur de drame enlevant sa perruque.
   2. Une dame, assise au seuil de sa maison, tient une longue lettre déroulée. La même scène se reproduit au-dessus sur un grand éventail.

75. En famille, à la campagne. Le père et la mère avec leur petit garçon. Estampe rappelant la manière de Harounobou.

76. Scènes de la vie de la poétesse Komati. On la voit d'abord jeune et belle entourée de riches seigneurs, puis elle est admise à la Cour; plus tard vieille et laide, elle mendie son pain; à demi folle, elle est la risée des enfants. Suite de cinq pièces rares en format oblong.

LES NISHIKAWA

NISHIKAWA SOUKENOBOU

(1671-1750)

Un des artistes japonais qui contribuèrent le plus au développement d'un art national, et qui rompirent avec les traditions de l'école chinoise. Il excella dans le dessin de la femme.

77. Deux pièces rares. Format étroit en hauteur.
   1. Jeune femme se regardant coquettement dans un miroir posé sur un chevalet.
   2. Un lutteur. Estampe curieuse, dans son dessin caricatural.

LES HISHIKAWA

HISHIKAWA TOYONOBOU

Mort en 1789.
Il fut l'élève de Nishimoura Shighénaga.

78. Trois pièces de format étroit en hauteur, tirage à deux tons.
79. Jeune Samouraï portant une lanterne.
80. Une dame près d'un arbre en fleurs.
81. Deux acteurs près d'une clôture à claire voie.
82. Enfants et jeunes filles en admiration, avec des cris de joie, devant des affiches de théâtre. Pièce de grand format oblong disposée en triptyque.

LES HANABOUSA

HANABOUSA ITCHO

Le fameux caricaturiste du XVIIIe siècle.

83. Huit estampes en couleur, de grand format oblong. Belles pièces en tirage ancien.
    1. Les manzaï.
    2. Cheval dompté.
    3. Cérémonie religieuse en plein air.
    4. Cortège de guéshas et de porteurs de parasols.
    5. Scène de pugilat sur un bateau.
    6. Musique sur la terrasse.
    7. L'échenillage.
    8. Près de l'enceinte réservée aux femmes.

DEUXIÈME PÉRIODE

SECONDE MOITIÉ DU XVIIIe SIÈCLE

HAROUNOBOU

Un des plus charmants artistes du Japon.

Élève de Shighénaga, il se consacra exclusivement à la peinture de la femme et se refusa toujours, en dépit de l'engouement du public, à peindre des portraits d'acteurs.

Ses meilleures œuvres datent de 1760 à 1775.

84. L'album. Deux femmes, l'une assise, l'autre accroupie, regardent un livre d'images à la lueur d'une chandelle fixée dans un haut lampadaire.

85. L'inspiration. Une poétesse, assise devant sa table de travail, contemple la lune ; la tête, rêveuse, est appuyée sur la main droite, qui tient le pinceau. La scène se passe sur une terrasse, ombragée par le feuillage d'un érable rouge, près d'une rivière où l'on voit une barque de pêcheurs.

86. La coiffure. Deux jeunes femmes dans un élégant intérieur décoré d'un *tsouitate* sur lequel est peinte la récolte dans les rizières.

87. L'hiver. Sur une route toute blanche, le long d'une haute barrière de bambous, une élégante Japonaise, en costume rose, rattache les cordonnets de soie de l'immense chapeau qui lui couvre la tête.

88. Le Kakémono. Deux amoureux assis dans un jardin regardent une longue estampe sur laquelle on voit une femme debout sous un portique rose.

89. La cueillette des aubergines. Scène à deux personnages dans la campagne.

90. Deux petits balayeurs de jardin. Leur récolte faite dans un grand panier d'osier, l'un joue de la flûte, l'autre, qui a déposé à terre le râteau courbe, rattache sa chaussure.

91. Au bord de la rivière. Deux petites femmes près du pilier rose d'un torii.

92. Jeune couple près d'une serre de chrysanthèmes.

93. La leçon d'écriture. Une mère et ses deux fillettes. Charmante composition, du plus gracieux mouvement.

94. La toilette. Jeune femme posant sur les épaules de sa compagne un superbe manteau rouge à armoiries vertes. Pièce en beau tirage à gaufrures.

95. Jeune samouraï assis sur un lion de Corée, et portant sur ses genoux un nécessaire de fumeur.

96. En maraude. Une jeune fille, grimpée sur le dos d'un joli garçon, cueille des kakis dans le jardin voisin, par dessus la haute clôture en bois rouge qui forme une opposition violente et cherchée avec les tonalités délicates du reste de l'estampe.

97. La légende du vase brisé. Un grand vase rouge d'où, par une large brèche, sort, au milieu de flots d'eau un petit garçon, à la grande surprise de deux autres gamins.

98. Les quatre saisons, représentées par quatre femmes dans des encadrements carrés sur une estampe oblongue à fond gris. Rare.

99. Le ballon. Trois femmes élégantes sur une terrasse, l'une fait rebondir en cadence un petit ballon, tandis que sa compagne joue du shamisen.

100. Un daïmiyo, dont l'écuyer tient le cheval en bride, semble chercher à se dissimuler à une troupe de cavaliers que l'on voit au loin, parmi les rochers. Curieuse estampe de format oblong.

101. Le chat. Dans un jardin, près d'une fontaine, une jeune fille tient dans ses bras un gros chat qui roule des yeux de convoitise vers une petite souris apprivoisée qui court sur la main d'un jeune homme accroupi sur le parquet.

102. Jeune femme tombant à la renverse à la vue d'un personnage dont la tête et tout le corps sont couverts de poteries variées. Pièce curieuse à tons passés.

103. Le brasero éteint. Une jeune fille vient de s'endormir auprès du feu qu'elle a laissé s'éteindre. Un peigne se détache de sa chevelure. Ses deux compagnes s'apprêtent à lui faire une farce.

104. Daïkokou, le dieu de la richesse, porté sur les épaules de sept femmes. Curieuse et rare estampe.

105. Jeune femme en robe rose suivie d'un homme, aux jambes nues, qui porte sur l'épaule une branche de cerisier en fleurs.

106. L'apparition. Une jeune femme prépare une boîte à fumeur; elle est agenouillée près d'un brasero, où se consument des lettres d'amour et voit apparaître au milieu de la fumée la silhouette d'un homme portant la même boîte de fumeur.

107. La marchande. Une femme, portant sur son épaule une pyramide de boîtes, passe dans la rue, près d'une autre femme nonchalamment appuyée au seuil de sa maison. Pièce à gaufrures.

108. Jeune femme offrant à boire à un coq que sa compagne tient dans ses bras. Belle pièce.

109. L'escalier. Une jeune femme, portant une lanterne à la main, gravit les dernières marches d'un escalier et se retourne vers un galant qui se montre derrière la cloison du premier étage. Beau tirage à gaufrures.

110. La toilette. Deux femmes; l'une, le torse nu, est penchée au dessus d'un baquet plein d'eau dans lequel elle lave sa longue chevelure noire.

111. La lecture. Jeune femme lisant une longue lettre, à la lumière d'une lampe que sa compagne tourne vers elle. Jolie composition.

112. Les deux miroirs. Une jeune femme accroupie devant une glace, termine l'arrangement compliqué de sa coiffure en tenant de la main gauche un miroir derrière sa tête. Pendant ce temps son ami lutine un gros chat. Bon tirage à gaufrures.

113. Le coucher. La mère, à demi couchée sous la moustiquaire, tire par le bras un gros bébé tout blanc qui ne veut pas quitter ses jouets pour son lit.

114. Le petit chien. Une femme et deux petites filles sur une terrasse agacent un petit chien noir qui montre ses crocs.

115. La boule de neige. Une femme et deux enfants dont l'un souffle sur ses doigts. Tirage à gaufrures.

116. L'araignée. Une dame en costume de cour tient son éventail ouvert sous une araignée suspendue à son fil. Curieuse composition non signée.

117. L'adieu. Deux amoureux, les pieds dans la neige, se séparan à la porte d'un jardin.

118. Deux guerriers, au bord de la mer. Rare.

119. Cinq pièces à tons passés. Femmes cueillant des iris, — regardant des étoffes, — préparant des devises. — Le chien de neige. — Le coucher.

120. La neige. Une servante se penchant pour détacher la neige de la chaussure de sa maîtresse. Paysage d'hiver au bord d'une rivière. Tirage à gaufrures.

121. La lettre d'amour, une jeune fille, agenouillée près de sa lanterne de nuit, lit une longue lettre. Derrière la moustiquaire verte, on voit sa compagne couchée et déjà endormie. Pièce en beau tirage.

122. Le jeu de cordelettes. Deux jeunes filles dans un coquet intérieur. Tirage à gaufrures.

123. La giboulée. Sous l'averse, deux femmes, abritées sous un large parapluie, marchent dans la neige ; les jupes flottant au vent, laissent voir leurs pieds nus sur les guétas.

124. La coiffure. Une jeune femme arrangeant la chevelure de sa compagne assise devant un miroir. Pièce à gaufrures.

ESTAMPES EN FORMAT KAKÉMONO

125. Jeune femme debout près d'une petite étagère sur laquelle sont alignées des boîtes à fard. Au-dessus, la charpente d'un pilier rose.

126. La scène de l'espion des Ronins.

127. Femme en robe rose, agitant de la main droite un jeu de grelots.

128. Jeune femme debout, piquant un kanzashi dans sa chevelure.

129. Une femme tenant dans ses mains le haut chapeau de paille et les flûtes en bambou des Komotsos.

130. L'échelle. Une jeune femme, aux jambes nues, grimpe pour aller cueillir quelques fleurs sur la branche d'un cerisier. Un vieux galant qui, au-dessous, maintient l'échelle regarde avec des yeux écarquillés l'eau d'un puits qui fait l'office de miroir.

131. Le vent. Une jeune femme dont le vent soulève les jupes, mettant ses jambes à nu, court éperdue, levant ses bras vers le ciel, où l'on voit le dieu des orages qui tend vers elle une longue banderolle couverte d'écriture.

132. Un pèlerin monté sur un buffle que conduit un petit garçon regarde avec extase le Fouziyama.

TORII KIYONAGA

Seconde moitié du XVIIIe siècle.

Un des artistes les plus personnels du Japon, et l'un de ceux qui, rompant avec le style conventionnel des écoles primitives, ont su le mieux donner la vie à leurs personnages et les faire agir et se mouvoir dans des paysages étudiés sur nature.

133. Le bain de femmes. Diptyque célèbre, l'une des productions les plus fameuses et les plus rares de l'estampe japonaise. On n'en connaît guère que l'exemplaire de la vente Duret, aujourd'hui dans une collection parisienne.

« Nous ne croyons pouvoir faire mieux que de citer le passage suivant de M. de Goncourt : En fait de nu, nous avons la planche en couleurs du Bain de femmes où le grand artiste, précurseur d'Outamaro, nous a donné le contour gracile de deux ou trois jeunes femmes nues, et les jolies indiscrétions de morceaux d'autres corps, sous des peignoirs entr'ouverts, et encore ce joli bas de corps d'une femme, qui, la tête et le torse masqués par un store, ne laisse voir d'elle qu'une jambe posant à terre, et une jambe remontée sur la marche d'une estrade, et une main qui essuie l'entre-deux des deux jambes. C'est du très savant, du très réel nu. »

134. Scènes de théâtre. Précieuse collection de quinze estampes en excellent tirage, suite de grande valeur, de la période de maturité de l'artiste.

135. Six jolies estampes de format carré représentant des jeux d'enfant. Pièces spirituelles, charmantes d'entrain et de gaîté.

1. La boule de neige.
2. La natation.
3. Les petits dessinateurs.
4. Le jeu du loup.
5. En barque.
6. L'éléphant.

136. Cinq pièces de format carré.

1. Sur la terrasse, au bord de la mer.
2. Jeunes femmes devisant, en marchant.
3. Deux femmes, au bord de la rivière.
4. Préparatifs de concert.
5. Deux femmes sur une terrasse dans un jardin.

137. Trois belles planches représentant des scènes de l'histoire de Kintoki, l'enfant rouge. Pièces rares, en grand format, sur fond gris.

1. Kintoki, à cheval sur son ours, est escorté par deux petits diables qui portent, l'un sa formidable hache, l'autre sa terrible massue.
2. Kintoki jouant au jeu des cordelettes avec trois diablotins.
3. Kintoki dansant avec son singe et un petit ourson.

138. Des galants dans une Maison Verte. Belle composition de grand format oblong. Il est curieux de comparer cette pièce à certaines estampes analogues d'Outamaro pour apprécier l'influence que Kiyonaga a exercée sur le futur peintre des fêtes galantes du Japon.

139. Acteur et sa famille en promenade. Pièce de grand format, fond gris.

140. Deux estampes de petit format. Promenade en famille. Chasse aux papillons.

141. Deux femmes et deux petits enfants dans une hutte en bambous dont une porte ouverte laisse voir une large rivière.

141 *bis*. La fête des enfants. Un cortège entourant un dais, porté par plusieurs hommes, et sur lequel est assise une jeune fille, la reine de la fête. Devant une foule joyeuse et des enfants portant une lanterne. Derrière, un autre dais avec des guéshas jouant de divers instruments. 2 estampes de grand format.

142. Cinq pièces en format kakémono.
   1. Un bateau portant les sept dieux du bonheur.
   2. Pèlerin contemplant le Foudji.
   3 à 5. Sujets galants.

TORII KIYOMINE

Commencement du XIXe siècle.

142 *bis*. Combat grotesque entre deux guerriers aux formes caricaturales, dont l'un tient dans ses bras un éléphant en baudruche. Estampes en format kakémono.

SHOUNTCHO

Fin du XVIIIe siècle et commencement du XIXe. Il fut l'imitateur et parfois le rival de Kiyonaga.

143. Promenade sous les pruniers en fleurs. Femmes en jolies robes claires suivies d'un porteur. Pièce de grand format oblong, fond blanc.

144. La flânerie. Trois jeunes femmes sur une terrasse par une chaude journée d'été.

145. Aigle terrassant une cigogne. Pièce en noir sur fond jaune, format carré.

146. Deux estampes en format kakémono.

147. Un galant debout derrière une jeune femme accroupie qui se peigne.

148. Une femme sur le seuil de sa maison et un petit garçon qui la tire par sa jupe de façon inconvenante.

2

IPPITSOUSAI BOUNTCHO

Cet excellent artiste florissait entre 1760 et 1780.

149. La cage aux lucioles. Une femme démesurément longue et une jeune fille portant la cage où sont enfermées les bestioles, sous une treille éclairée par des lanternes.

150. Une femme avec un sac sur le dos près d'une maison.

151. Femme (acteur) debout près d'un banc de jardin.

152. Une dame balayant le devant de sa maison, en dépit de la neige qui continue à tomber et du froid qui a congelé au toit de minuscules stalactites de glace.

153. La sortie. Une femme debout, près d'une cloison de bois, peinte en rouge.

154. Quatre pièces.
 1. Acteur en femme.
 2. Même sujet.
 3. Même sujet.
 4. Même sujet.

155. Trois pièces. Scènes de théâtre à deux personnages.

156. Jeune femme portant un plateau et une bouilloire à thé. Estampe en hauteur.

157. Six pièces en hauteur.
 1. La leçon de lecture. Une mère et sa petite fille.
 2. Acteur en samouraï. Tirage à tons brillants.
 3. La femme renard, à double visage.
 4. Acteur s'apprêtant à tirer son sabre.
 5. Scène de théâtre à deux personnages.
 6. Même sujet.

158. Deux pièces. Un galant debout près d'une terrasse sur laquelle est assise une jeune femme, qui se penche vers lui. Dans l'autre estampe, un jaloux tirant son sabre. Scènes de théâtre.

159. Femme debout près d'un ruisseau. Dans le ciel rayé par la pluie on voit voler deux grues.

160. Retour de pêche par un temps de neige.

KORIOUSAI

Un des maitres les plus originaux du XVIIIe siècle.

161. La vie des courtisanes. Suite rare de 22 pièces de petit format, à fond blanc, nous montrant les occupations et les plaisirs des femmes dans les maisons vertes. Les riches costumes, les coiffures compliquées, les jolis minois, le balancement des corps dans la promenade des nouvelles toilettes, tout cela est traité avec une sincérité, une justesse d'observation qui font le plus grand honneur à l'artiste.

162. Une pièce du même format. Deux femmes sur une terrasse en face d'un paysage qui s'étend au loin.

163. Quatre estampes de petit format carré.

1. Deux femmes et un enfant.
2. Samouraï et son page.
3. Une mère et deux enfants regardant par la fenêtre la campagne neigeuse.
4. Deux amoureux lisent, enfouis sous une chaude couverture, tandis qu'au dehors la neige tombe.

164. Quatre pièces de format oblong, dans le style de l'école de Tosa.

1. Divertissement princier sur une terrasse.
2. Scènes de la rue.
3. Plaisirs domestiques.
4. Les dieux du bonheur.

FORMAT CARRÉ

165. Deux pièces. Scènes à deux personnages.

1. L'arrivée. Un élégant cavalier va entraver son cheval qu'une charmante jeune femme tient par la bride.
2. L'adieu. Jeune homme prenant congé d'une femme au seuil de sa maison. Au ciel la lune à demi cachée par les nuages.

166. Deux pièces. Fleurs.

1. Vase de fleurs sur un toit. Au-dessus vole un coq blanc imprimé en gaufrures.
2. Des pivoines près d'un rocher sur lequel un chien de Fò tout blanc, en gaufrures.

167. Trois jeunes femmes, en peignoir rose à carreaux blancs, regardant des poissons rouges. Belle estampe fond gris.

168. Trois estampes à fond blanc représentant chacune une courtisane en promenade avec ses deux suivantes. Les robes sont magnifiques et toutes du plus riche décor.

169. Jeux d'enfants dans un joli paysage. Charmante composition. Tirage à gaufrures.

170. Deux pièces. Oiseaux.

1. Un Hôo au riche plumage s'abattant sur un tronc de prunier en fleurs.
2. Un faucon sur un perchoir.

171. Un mendiant et un petit garçon agenouillés devant une courtisane qui passe majestueuse, suivie de ses deux kamouros.

FORMAT KAKÉMONO

172. Le galant. Une dame à sa fenêtre se penche vers un beau garçon abrité sous un parapluie.

173. Femme étudiant un arrangement de fleurs.

174. Le rêve. Femme endormie près de sa table, le visage en transparence derrière un écran. Elle voit en songe un aigle qui vole devant le Foudji.

175. Femme portant une tasse sur un plateau.

176. Pèlerin regardant le Foudji derrière des nuages empourprés par un soleil couchant.

177. Une jeune femme s'avance lentement dans la rue, curieusement épiée à travers une baie treillagée par une femme dévêtue, insoucieuse de sa nudité.

178. La sortie du bain. Étude de nu.

179. Femme en robe blanche dans son appartement. Par une baie grillagée, vue sur la mer. Très belle estampe.

180. Une femme menaçant de sa pipette un chat qui se roule à ses pieds.

181. La lessive. Une femme lavant du linge et une autre tirant de l'eau au puits.

182. L'échelle. Jeune fille descendant d'une échelle sur les épaules d'un robuste gaillard. Pièce d'un coloris violent.

183. Courtisane et kamouro en promenade.

184. Guerrier sur un cheval noir.

185. Scène de l'espion des Ronins.

186. Le géant. Une femme se pendant aux doigts d'un personnage de stature gigantesque. De ses jambes nues elle se cramponne à lui dans un joli mouvement. Pièce rare.

KATSOUKAWA SHOUNSHO

Le chef de l'atelier des Katsoukawa florissait de 1760 à 1792. Il s'est surtout consacré à la représentation des acteurs et des scènes de théâtre et nul artiste ne l'a surpassé en ce genre.

187. Scènes de la vie des coulisses. 3 pièces. — Scènes de drame et de comédie, acteurs de Nô. 6 pièces. Ensemble 9 pièces en bon tirage ancien.

188. Scène de drame. Au fond un orchestre de trois musiciens.

189. Un char princier et trois suivantes portant un parasol, une robe, un sabre. Pièce de grand format.

190. Scènes de l'histoire des Ronins. Pièces à tons clairs dans des médaillons sur fond noir. 2 pièces.

191. Vue du pont de Riogokou, au soleil couchant, à l'heure où les guinguettes s'allument. Pièce de grand format.

192. Le rocher d'Enoshima. Pièce de grand format, bistrée. On remarque les ombres projetées des personnages.

ÉCOLE DE SHOUNSHO

Shounsho a eu deux élèves et associés, Shounko et Shounyei qui l'ont surtout secondé dans l'abondante production de figures d'acteurs sorties de son atelier et qui s'étaient si bien pénétrés de sa manière que, n'étaient les signatures, il serait presque impossible de distinguer leurs œuvres des siennes. Un certain nombre d'autres élèves lui empruntèrent également une partie de son nom : Shoun. C'est ainsi qu'Hokusai, du temps où il était dans son atelier, s'appelait Shoun-rô.

SHOUNKO

193. Trois pièces de format étroit.

1. Une dame, dans le plus élégant costume, porte un poisson dans une corbeille qu'elle a posée sur sa tête.
2. Scène de drame à deux personnages.
3. Acteur dans un rôle de guerrier, avec un arc et des flèches dans les mains.

194. Deux acteurs en guerriers. Grande pièce à fond gris. Cachet d'amateur.

195. Les plaisirs des acteurs à la campagne, triptyque en très beau tirage. Le paysage est traité avec un soin tout particulier.

196. Portraits d'acteurs et scènes de théâtre. 5 pièces.

197. Deux portraits d'acteurs en femmes. Grandes têtes sur fond bleu.

198. Triptyque. Trois laveuses près d'un puits.

199. Triptyque. Trois acteurs en costume de samouraï.

SHOUNYEI

200. Les fidèles Ronins. Suite complète de 11 planches en grand format.

Cette série est fort rare et n'a encore passé, croyons-nous, dans aucune vente en Europe. Les pièces sont en bon tirage ancien.

201. Portraits d'acteurs et scènes de théâtre. 5 belles pièces.

SHOUNRO

202. Un aigle et un ours, se menaçant du bec et des crocs, sont tenus en respect par Kintoki, l'enfant rouge. Estampe rare en bon tirage.

SHOUNSEN

203. Deux femmes et un petit garçon sur un lac de temple, en contemplation devant des iris.

SHOUNZAN ET YEISHI

204. Suite de huit estampes, de format carré, représentant diverses danses. Pièces rares en excellent tirage. Les n°s 1 à 4 sont de Yeizan, 5 à 8 de Yeishi.

1. La fête des garçons. Cinq jeunes garçons, coiffés d'une sorte de béret violet, dansent au son d'un shamisen en tenant derrière le cou un long roseau.

2. Deux guéshas dont l'une accompagne sa danse sur un tsouzoumi.

3. Teinturières battant du linge.

4. La fête des filles. Six jeunes filles agitant des éventails et de longs bâtons auxquels flottent des devises, dansent dans un pêle-mêle original.

5. La danse des chapeaux. Six jeunes filles dansent en agitant des chapeaux décorés de fleurs de cerisiers.

6. Cinq jeunes femmes dansent, tenant chacune à la main un minuscule tambourin sur lequel elles frappent à l'aide d'une petite baguette.

7. Trois guéshas en chapeau jaune, accompagnées de deux petits garçons vêtus comme elles d'un grand surtout gris avec bordure noire liserée de rose.

8. Danse de guéshas.

YEISHI ET SES ÉLÈVES

Yeishi, élève de Shounsho et de Kiyonaga, a produit de nombreuses estampes en couleur, consacrées presque exclusivement à la reproduction de figures de femmes. Coloriste charmant et original, il égale souvent le style de Kiyonaga et l'élégance d'Outamaro avec lequel, observe M. de Goncourt, il a la plus grande parenté.

205. Portraits de courtisanes. Trois estampes de grand format sur fond clair.

206. La marchande d'estampes et son client. Jolie pièce de format moyen.

YEIRÏ

Fin du XVIIIe siècle.

207. Cortège de guéshas, le long des fossés d'un château-fort. Belle composition de cinq planches.

208. En visite. Par un temps de neige, quelques voyageurs, dont une dame à cheval, se présentent à la porte d'une maison. Une dame vient jusqu'au seuil à leur rencontre. Triptyque.

KIKOUGAWA YEIZAN

209. Fête de nuit sur la Soumida. Barques rempliesde jolies femmes près des pilotis du pont chargé d'une foule compacte qui se délecte au spectacle d'un feu d'artifice. Suite de 3 feuilles.

210. La foule dans la rue des marchands d'étoffes. Au fond, les boutiques ouvertes.

211. Deux estampes en format kakémono. Femmes debout.

212. Un aigle perché sur une branche de pin. Soleil couchant.

LES KITAO

KITAO SHIGHÉMASSA

(1739-1819)

Cet artiste s'est aussi appelé Kossouïsaï. Il a vécu et travaillé jusqu'à l'âge de 80 ans. Ses premières productions rappellent la manière de Soukenobou. Plus tard, il se rapproche de Shounsho.

213. L'empereur et ses principaux guerriers, parmi lesquels se voit le portrait du fameux Taïko Sama. — Un daïmiyo et ses lieutenants. Deux grandes estampes comprenant plus de 50 portraits avec les noms des personnages.

214. Deux jeunes femmes, l'une debout, tenant un coffret, l'autre, agenouillée, lisant une longue poésie. Jolie composition.

215. Trois estampes format carré.
 1, 2. Enfant jouant près d'un ruisseau.
 3. Brouille d'amoureux.

216. Deux pièces, petit format étroit en hauteur. Un acteur armé d'une lance. Danseur comique.

KITAO MASSANOBOU

Élève de Shighémassa (1775-1831).

217. Les plaisirs de Yoshiwara. Belle série de six compositions de

deux planches, exécutées en collaboration avec Shighémassa et Shounsho.

Ces six diptyques nous montrent les courtisanes dans leurs somptueux atours, dans leurs plus riches toilettes, se livrant à leurs occupations favorites. Des poésies écrites par elles sont imprimées sur le fond blanc des estampes.

SHARAKOU (TO-SHIOU-SAI)

(Fin du XVIIIe siècle.)

Le plus fameux peintre de portraits du Japon. Ses œuvres, avec une simplicité extrême de facture, ont une intensité de vie qu'on ne retrouve guère chez aucun autre maître. C'est d'ailleurs un artiste indépendant qui n'appartient à aucune école.

218. Personnage au crâne rosé et bleui, aux yeux brillants avec une intensité extraordinaire au milieu d'un visage dont les traits sont indiqués en quelques touches de pinceau. Il tient un sabre à fourreau rouge. Belle pièce, à fond noir micacé, encadrée sous verre.

219. Acteur en femme. Figure à la grimace mélancolique et dédaigneuse. Costume mauve. Belle pièce à fond jaune, encadrée sous verre.

220. Portrait d'homme à la figure placide. Il a noué un linge autour de sa tête, et de la main gauche il tient une grosse pipe rouge et jaune qu'il vient de retirer de sa bouche pour suivre des yeux quelque scène qui semble vaguement l'intéresser. Fond micacé.

221. Portrait d'acteur en femme. Draperie rouge décorée d'une armoirie blanche. La coiffure est accompagnée d'une sorte de visière violette qui tombe sur le front et ajoute à l'étrangeté de cette longue et maigre figure, éclairée par deux petits yeux vifs. Pièce à fond micacé.

222. Autre portrait d'acteur en femme, robe bleue, même coiffure. Fond micacé.

223. Même sujet, même coiffure, robe blanche à décor d'éventails rouges. Fond micacé.

224. Portrait d'un personnage aux yeux louches, aux bras nus sous

un manteau noir pailleté de blanc. Fond micacé. Pièce oxydée.

225. Tête bizarre à la bouche fendue comme par un coup de sabre. Peignoir jaune à carreaux. Fond micacé.

226. Personnage mal peigné. Il est vêtu d'un surtout sombre et tient à la main un sabre à la longue poignée garnie de galuchat. Fond micacé.

227. Personnage à la face de chanoine bien portant, vêtu d'un surtout violet et tenant à la main un large éventail ouvert. Fond micacé.

228. Personnage à la figure étrange, aux cheveux en brosse, au menton bleuissant. De ses dix doigts élargis il semble menacer un adversaire vers lequel il s'élance, le haut du corps en avant.

229. Portrait de Koshiro, l'acteur au grand nez. Belle pièce sur fond micacé. Rare.

230. Personnage au masque grassouillet, les bras croisés sur son surtout rouge à carreaux bordé de bandes noires. Fond micacé.

231. Personnage à la figure maigre, à la bouche édentée. Il tient de la main gauche un sabre à fourreau rouge. Fond micacé.

232. Acteur en femme, grosse figure bonasse. peignoir gris à fleurs violettes. Fond micacé.

233. Acteur en femme. Figure assez jolie, coiffure très soignée, vêtement mauve pointillé de pois blancs. Fond micacé. Belle pièce.

234. Acteur dans un rôle de femme. Personnage en pied sur fond jaune. Estampe en petit format kakémono. Rare.

235. Tadanobou, aux formes herculéennes, lançant à la volée une table de gô. Pièce curieuse, à fond jaune.

236. Deux acteurs de drame. Personnages en pied. Superbe pièce en très beau tirage, à fond micacé.

TCHOKI

Artiste original, du commencement de ce siècle, qui ne se rattache à aucun atelier. Ses estampes, assez rares, ne manquent pas de puissance.

237. Portraits d'un daïmiyo et de ses 17 lieutenants. Estampe de grand format à fond bistré sur laquelle les personnages en costume guerrier sont superposés.

238. Deux femmes et un petit chien blanc. Format kakémono.

OUTAMARO

1754-1806

Un des maitres les plus séduisants de l'estampe japonaise. Il est le plus connu en Europe grâce au beau livre que lui a consacré Edmond de Goncourt. C'est, par excellence, le peintre de la femme. A elle seule il consacra tout son talent, jugeant indigne de sa délicatesse, comme avant lui Harounobou, de s'adonner aux portraits d'acteurs qui occupent une si grande place dans l'œuvre des artistes, ses contemporains.

239. Les six Tamagawa, ou les six grandes rivières du Japon personnifiées par de jolies femmes. L'une des plus fameuses et des plus rares composition d'Outamaro.

Au centre des laveuses autour d'un grand vase jaune circulaire, une femme debout, superbe d'allure, tient une longue pièce d'étoffe rose à pois blancs ; à droite, trois femmes, aux jambes nues, traversant un ruisseau avec de petits gestes apeurés joliment observés ; à gauche des femmes élégantes près d'un banc. Longue composition encadrée sous verre.

240. Les plongeuses. Le superbe et rarissime triptyque auquel M. de Goncourt consacre quelques pages enthousiastes, bien connues de tous les japonisants. Encadré sous verre.

« Cette triple planche, dit-il, est la composition où se dévoile, de la manière la plus ostensible, le nu de la femme, tel que le comprennent et le rendent les peintres japonais. C'est le nu de la femme, avec une parfaite connaissance de son anatomie, mais un nu simplifié, résumé dans ses masses, et présenté sans détails, en des longueurs un peu *mannequinées* et par un trait qu'on dirait calligraphié. — La feuille de gauche représente une femme nue, le bas du corps voilé d'un lambeau d'étoffe rouge, coulée au bord de la berge, une jambe déjà dans la mer, avec un frissonnement dans le corps appuyé sur ses deux mains rejetées derrière elle. — La feuille du milieu nous montre assise une pêcheuse, une cotonnade bleue jetée sur les épaules, peignant sa chevelure ruisselante d'eau, pendant qu'un enfant nu la tette debout. — Dans la feuille de droite, une pêcheuse, son couteau à ouvrir les coquilles dans la bouche, et, en un gracieux contournement du torse, tordant des deux mains le bout de l'étoffe mouillée entourant ses reins, pendant qu'une acheteuse agenouillée choisit une coquille dans son panier ».

241. Les pêcheuses d'awabis. Beau triptyque encadré sous verre. A gauche une grande barque, sur laquelle une femme debout tord son pagne rouge; une autre femme, penchée sur le bordage, aide à sortir de l'eau une de ses compagnes qui nage encore le couteau aux dents. Sur la droite, une autre plongeuse. Et, sur la berge, de jolies femmes, les unes courant après un crabe, d'autres s'amusant au spectacle des plongeuses.

242. Le même triptyque, non encadré.

243. Pêcheuses d'awabis. Suite de 6 pièces en petit format. Série complète. A gauche un groupe de femmes dévêtues sur un rocher; au milieu des plongeuses: à droite quatre femmes et un enfant dans un long bateau. Suite rare.

244. Les porteuses d'eau salée, les *siwokomi*. Neuf femmes et enfants, vêtues de la fameuse jupe de roseaux, les unes plongent leurs seaux dans la mer, les autres les emportent sur le rivage aux deux bouts de leur bâton courbe. Scène pittoresque très vivante, très animée. Beau et rare triptyque encadré sous verre.

245. Le marché du jour de l'an, devant la grande porte du temple d'Asakousa; une foule de femmes et d'enfants portant des jouets et des cadeaux: une langouste sur un lit de fougères, un tortil de paille pour chasser les diables, une petite pagode en bois, etc. Suite de cinq planches assez rares, nous montrant des scènes de la vie japonaise rendues avec cette sincérité, avec cette bonne humeur qui nous font si bien connaître et aimer le Japon.

246. Réunion de femmes dans une maison verte. Triptyque rare. Au centre trois femmes, en des attitudes de princesses, assises devant leurs petites tables de laque et tout autour de la pièce, les autres femmes écrivant, causant, préparant leur

shamisen, et, dans l'angle de la salle, sur le mur de droite on distingue un peu du plumage du fameux Ho-ô peint par Outamaro.

247. L'averse. Magnifique triptyque, encadré sous verre. La pluie tombe par rafales. De tous les côtés, des gens, des femmes, des enfants, viennent se mettre à l'abri sous un grand arbre. A droite, deux femmes et un homme courent à toutes jambes sous leur parapluie ouvert qui les protège mal contre l'ondée. Toute cette scène est traitée en grand maître, avec une véritable science du geste et du mouvement.

248. Bateau de plaisance, à la proue terminée par un dragon, et portant huit femmes et un jeune prince, symbolisant par divers attributs les dieux de l'Olympe japonais. Triptyque.

249. Les dieux du bonheur en partie de plaisir avec de jolies femmes. Curieux et rare triptyque sur fond gris.

250. Pèlerinage à Isé. Près des rochers sacrés, émergeant de la mer, et reliés par un câble de paille (Mioto-Iwa, rochers du couple), neuf jeunes femmes marchent pieds nus dans le flot, leurs longues robes relevées des deux mains.

251. Le chariot impérial. La princesse descend du lourd équipage sur un marchepied laqué, gracieusement appuyée sur la main d'une de ses dames. Elle est curieusement regardée par trois femmes dont l'une est couchée sur une terrasse, et une autre vue en transparence derrière un store. Triptyque.

252. Les dieux du bonheur se prêtant aux jeux et aux plaisanteries d'un essaim de jolies femmes. Suite de 8 planches en petit format.

253. Kintoki et Yama-ouwa. Magnifique planche connue sous le nom de *La Châtaigne*. Encadrée sous verre. Yama-ouwa, avec sa figure pâle et rêveuse, sous son épaisse crinière noire tout échevelée, est superbe. L'enfant rouge la regarde avec de bons yeux, tout grands ouverts, et élève vers elle les deux mains dans un geste charmant. Cette composition est une des meilleures œuvres du grand artiste.

254. L'enfant rouge, Kintoki, danse sous les yeux de Yama-ouwa,

tandis qu'un singe, à l'air très affairé, frappe sur un tambour. Estampe rare.

255. La sortie nocturne. Belle planche, encadrée sous verre. Deux femmes marchent dans la nuit en s'éclairant d'une lanterne. L'une a jeté sur sa tête une étoffe noire dont la transparence laisse apercevoir une partie de la figure. L'autre est coiffée d'une étoffe blanche. Œuvre excellente.

256. Deux jeunes femmes sur une terrasse et une troisième vue en transparence derrière le store jaune. A noter la femme debout dans son curieux costume à décor d'éventails.

257. Trois dames sous un cerisier en fleurs. Belle pièce à fond blanc.

258. Deux femmes en promenade, l'une rajustant sa chevelure. Belle estampe en format kakémono.

259. Douze pièces imprimées en noir. Belles épreuves d'un tirage vigoureux. Sujets divers : une carpe; dieux du bonheur; Benkei donnant un éventail à un petit garçon; monstres dans les nuages; jeunes acrobates; un bambou, etc. Suite rare.

260. Le tronc d'arbre. Une mère avec son enfant sur son dos penché par-dessus son épaule; tous deux se regardent dans l'eau du creux d'un tronc d'arbre et leurs deux figures se reflètent dans ce miroir.

261. Une femme, un petit miroir à la main, arrange sa coiffure.

262. Une dame, en capeline noire, serre autour de sa taille une ceinture rouge à pois blancs. Son compagnon tient un parapluie au-dessus de sa tête. Belle estampe à fond gris.

263. La coupe de saké. Une jeune femme assise tient au-dessus de sa tête la petite coupe en laque rouge, tandis qu'un personnage vu en transparence derrière la cloison mobile en papier semble vouloir lui verser le contenu de la bouilloire. Belle pièce.

264. Une mère faisant faire pipi à son enfant. Planche merveilleuse de réalité, dit M. de Goncourt, qui considère cette estampe comme une des meilleures d'Outamaro dans ces sujets maternels où il excelle.

265. Sujets maternels. Deux pièces. Le cauchemar de l'enfant. — Le sourire du bébé à qui sa mère montre un sein plein de promesses.

266. Portraits en buste de courtisanes. 2 pièces de la série des Grandes Têtes.

267. Même série. Jeune femme présentant une tasse sur un plateau de laque rouge. Charmante estampe en bon tirage.

268. Même série. Jeune femme lissant sa chevelure. Belle pièce.

269. Série à la lunette. 4 pièces en bon tirage.

Jeune femme écrivant.

Jeune femme tournant le dos à un galantin qui lui conte fleurette.

Dame serrant autour de son poignet un fil de soie dont elle tient entre les dents une des extrémités.

Femme couchée lisant.

270. Même série. La femme à l'éventail. Excellente pièce.

271. Même série. Jeune femme écrivant.

272. L'allaitement. Pièce célèbre.

273. Jeune mère portant sur son dos un petit garçon qui joue avec un éventail.

274. La chasse aux moustiques. Une femme, une allumette enflammée à la main poursuit les fâcheux insectes. A travers la moustiquaire jaune, on distingue la tête de l'homme déjà couché.

275. Pièce à trois personnages, une dame en jupe rouge, une petite fille apportant un plateau et un serviteur frottant à tour de bras un miroir de métal. Tirage de sourimono avec aplats laqués et argentés.

276. Jeune femme présentant un kakémono. — Courtisane assise. — Arrangement d'arbuste dans un vase 3 pièces.

277. Scènes enfantines. 5 pièces.

278. Jeune femme en buste, mordillant un linge. Joli portrait, accompagné d'une poésie.

278 *bis*. Parodie de la scène de l'espion des Ronins par des dieux. En haut, c'est la déesse Okamé. L'espion, c'est Foukousouké et le troisième personnage, Foukouroukou.

ESTAMPES EN FORMAT KAKÉMONO

279. Deux jeunes femmes avec de larges chapeaux jaunes.

280. Deux gamins dont l'un armé d'un pinceau peint un masque rouge sur la figure de l'autre. La mère debout les regarde.

281. Deux femmes, l'une debout, l'autre accroupie.

282. Une femme debout près d'une lanterne à franges; une autre assise, enveloppée dans un grand peignoir blanc et vert.

283. Dans la rue. Une femme, la gorge à découvert, les jambes nues, tient un parapluie à la main. Près d'elle, un portefaix.

284. Une guésha, la tête couverte d'une capeline noire, accompagnée d'un serviteur qui tient un parapluie ouvert et porte le shamisen dans sa boîte.

285. Deux porteurs de norimono au repos. Estampe en petit format kakémono.

SHIKIMARO

Élève d'Outamaro.

286. Les pêcheuses de l'île Imoushima, près Yokohama. La scène se passe au milieu des rochers, sur le bord de la mer. Dans l'eau, trois plongeuses rapportent des coquilles marines. Sur les rochers une société nombreuse et élégante esr réunie. Ici ce sont de jeunes femmes qui pêchent à la ligne; là, une collation délicate qu'on prépare. Du fond des grottes on voit arriver en foule d'autres personnages. Ce triptyque fort curieux est extrêmement rare.

KIKOUMARO

Elève d'Outamaro.

287. Estampe en format kakémono. Deux femmes, l'une tenant une coupe en laque rose.

TROISIÈME PÉRIODE

FIN DU XVIIIe SIÈCLE ET XIXe SIÈCLE

LES OUTAGAWA

TOYOHAROU

Le fondateur de l'atelier des Outagawa, dans la seconde moitié du XVIIIe siècle.

288. Deux estampes de format oblong.

1. La cour intérieure d'un temple avec les tori-i, les fontaines, les petites boutiques et les grandes constructions aux boiseries rouges.
2. La foule s'empressant vers des maisons de thé aux lanternes rouges, disséminées sur des collines parmi la verdure et le feuillage rose.

TOYOHIRO

Mort en 1828. Ses œuvres, généralement d'un beau style, sont peu communes.

289. La chasse au faucon. Six chasseresses, en culotte rouge, accompagnent une princesse montée sur un beau cheval blanc. Elles sont armées de sabres et deux d'entre elles portent sur le poing un faucon. Beau triptyque avec fond de paysage.

OUTAGAWA TOYOKOUNI

(1769-1828).

Un des artistes les plus féconds de l'école populaire. Il s'est surtout adonné à la reproduction des figures d'acteurs et des scènes de théâtre. Il a exécuté aussi de grandes compositions en trois, quatre, cinq planches qui sont célèbres.

GRANDES COMPOSITIONS EN PLUSIEURS PLANCHES, BELLES PIÈCES, EN TIRAGE ANCIEN, QUI COMPTENT PARMI LES MEILLEURES DU MAITRE

290. Le cortège de la mariée. Suite de cinq planches.

291. La danse de Schidzouka, devant une assemblée de jolies femmes. Suite de quatre planches.

291 *bis*. La mariée descendant du riche kago nuptial. Elle s'appuie sur la main d'une amie et autour d'elle s'empressent une vingtaine de femmes, la plupart coiffées du gracieux bonnet à deux ailes d'une élégance si originale. Excellent triptyque à coloration verte et mauve.

292. Scènes de théâtre. Triptyque à fond gris parsemé de feuilles rouges de momidzi.

292 *bis*. Acteurs et femmes s'embarquant par un temps de neige. Triptyque.

292 *ter*. Intérieur d'une Maison Verte. Triptyque rare et curieux. Au milieu, le grand salon, à droite l'escalier d'entrée où l'on voit un ami qui apporte des plantes en un artistique arrangement sur un présentoir. A gauche des pièces particulières.

293. Très belle série de seize pièces en grand format à fond gris représentant des portraits en pied d'acteurs et des scènes de théâtre. Toutes ces estampes sont de la meilleure manière de Toyokouni. Le tirage en est excellent.

294. La rue des théâtres, avec la foule qui se presse devant les baraques garnies de lanternes et de tableaux alléchants. Le spectacle va commencer, les pitres qui font la parade en sont à leur dernier boniment. Triptyque.

295. Jeunes femmes dans un grand bateau rose dont la proue est formée par un grand corbeau. L'une danse au son de la flûte, une autre écrit des vers, une autre porte un arrangement de fleurs sur un plateau. Au fond, la masse du Foudji. Triptyque célèbre.

KOUNISADA

(1785-1864).

Le principal élève de Toyokouni dont il adopta d'abord le prénom. Après la mort de son maitre, il prit en 1844 son nom tout entier.

296. Les coulisses du théâtre pendant un entr'acte. Curieux triptyque, où l'on voit une cinquantaine de personnages causant, jouant, repassant leurs rôles, déclamant, étudiant des attitudes avant d'entrer en scène. C'est un véritable document pour l'étude du théâtre japonais.

297. Une autre vue des coulisses, tout aussi curieuse que la précédente, avec encore plus de personnages et de variété dans les scènes. Très intéressant et rare triptyque.

298. La neige. Triptyque. Une femme avec un petit garçon ornant de quelques coups de pinceau un Dharma en neige. — Une femme avec un enfant sur son dos et se tournant vers deux jeunes filles qui se serrent l'une contre l'autre.

299. Le soleil levant derrière les rochers d'Isé, site célèbre par la beauté de ses levers de soleil. Estampe de format oblong en excellent tirage.

300. La poétesse. Assise dans une barque, coiffée de l'éboshi et tenant à la main le tambourin appelé tsouzoumi, elle récite une pièce de vers que lui a inspiré la lune. Estampe de format oblong.

301. Femmes japonaises de diverses conditions. Sept belles estampes de grand format.

KOUNIYOSHI (Itchiyousaï)

(1796-1861).

Artiste puissant et fécond, il a illustré les hauts faits des guerriers, les légendes historiques, le drame des Ronins, les miracles du bonze Nitiren, de terribles combats entre les Minamoto et les Taïra, des sujets fantastiques, des scènes populaires. Son dessin net et hardi, son coloris vigoureux, parfois violent, donnent à ses œuvres une note très personnelle.

302. Les miracles du bonze Nitiren. Belle suite de pièces en format oblong.

1. Le bonze Nitiren, dans une barque, exorcise le serpent de mer ayant pris l'aspect de caractères calligraphiques. (Encadré sous verre.)
2. Le bonze gravissant une montagne couverte de neige. Estampe fameuse, encadrée sous verre.
3. Le bonze arrêtant la chute d'un rocher. Encadrée sous verre.
4. Le bonze priant pour la cessation de la pluie.

303. Fête sur l'eau. Belle pièce encadrée sous verre.

304. Le Foudji vu à travers les mailles d'un grand filet étendu sur une barque. Pièce en très beau tirage.

305. Oiseaux de proie apportant la becquée à ses petits. Grande estampe en format kakémono.

ÉCOLE D'OSAKA

KOUNIMASSA

306. Trois estampes. Portrait d'acteur, sur fond noir. La tête rappelle celle de notre Pierrot. — Acteur en femme. — Portrait en buste.

KOUNINAGA

307. Beau triptyque encadré. Un jeune acteur agenouillé remercie le public.

HIROSHIGHÉ

1797-1858

Un des grands maîtres de l'estampe japonaise. Il est surtout connu comme le premier des paysagistes, mais il fut non moins habile dans le dessin des poissons, des oiseaux et des fleurs et nous avons de lui, en ce genre, des suites justement célèbres.

308. Oiseaux et fleurs. Belle suite de 20 estampes en petit format kakémono, pièces du premier tirage en excellent état. Cette série célèbre comprend les planches suivantes :

1. Deux canards mandarins dans un torrent.
2. Faisan doré sur une branche de pin.
3. Héron blanc dans les iris.
4. Les deux chimères sur le rocher que l'une d'elles essaie de gravir en s'accrochant aux aspérités, symbole de ce que peuvent l'énergie et la volonté.
5. Le pont du nuage, pont de cordes reliant deux montagnes au-dessus d'un abîme vertigineux. A comparer avec la planche d'Hokousai.
6. Singe enchaîné sous une branche fleurie dont les pétales voltigent en tombant autour de lui.
7. Deux grenouilles dans un cours d'eau.
8. Coq blanc parmi les volubilis.
9. Passereaux voletant autour d'une branche de camélias en fleurs, couverte de neige.
10. Bel oiseau à longue queue sur une branche de cerisier en fleurs.
11. Paon au milieu des pivoines.
12. Canard nageant parmi les roseaux sous la neige.
13. Passereaux volant autour d'une branche d'aubépine.
14. Cascade sur un fond de ciel bleu où se détache en blanc le disque de la lune coupé par une branche d'érable en fleurs.
15. Petit oiseau sur une branche de camélia en fleurs.
16. Martin-pêcheur volant au-dessus d'hortensias en fleurs.
17. Perruche rouge sur une branche de pin.
18. Faisan sur des chrysanthèmes.
19. Perroquet sur une branche fleurie.
20. Émouchet sur un tronc de pin. L'oiseau qui semble prêt à

s'élancer sur une proie se profile en vigueur sur un immense soleil rouge.

309. Les oiseaux. Trois pièces superbes de la fameuse série des Oiseaux en format kakémono.

1. Faucon sur une branche de pin. Fond gris éclairé dans le haut par le rouge dégradé d'un soleil couchant.
2. Aigle sur une branche de pin, avec, au fond, un soleil écarlate.
3. Cigogne debout, une patte en l'air, sur une branche de pin. L'oiseau se profile sur l'immense disque rouge du soleil.

310. Les tourbillons de Narouto. Beau triptyque, un des chefs-d'œuvre du maître. Le tableau embrasse un immense horizon. Le fleuve, large comme un bras de mer, occupe presque toute la hauteur de la composition, bornée par une chaîne de collines qui va se perdre au loin en une perspective très bien étudiée. C'est une des peintures les plus importantes et les plus intéressantes d'Hiroshighé.

311. La neige. Des montagnes à pic entre lesquelles un tronc d'arbre abattu sert de pont. Dans le fond une montagne plus haute. Tout est couvert d'une neige épaisse. Entre les montagnes coule une rivière aux eaux bleues sur laquelle passent deux petites barques rouges. Estampe en format kakémono.

312. La baie de la Soumida. Vue panoramique. A gauche le grand pont. Sur la rive de grandes constructions et une foule très animée de petits personnages. A droite, la baie s'élargissant et nous montrant de nombreux bateaux à l'ancre et la flottille des pêcheurs rentrant au port. Triptyque.

313. Vues du lac Biwa, dans la province d'Omi. Cinq belles pièces de cette série fameuse, une des plus remarquables du grand paysagiste. Les tonalités sont d'une transparence qui indique un tirage très soigné, de même que la dégradation des bleus, des verts et des noirs montre à quelle habileté les imprimeurs japonais, travaillant sous les yeux des artistes, étaient parvenus.

314. Montagnes neigeuses de la route du Kiso (Kisodji no Yama

Kawa). Beau triptyque à deux tons, le bleu du torrent tout piqueté de blanc, et le blanc de la neige qui couvre tout et les hautes cimes s'élevant jusqu'au ciel et les pins à demi enfouis, et les ponts sur pilotis que traversent quelques rares habitants de ces tristes solitudes. C'est un tableau d'une mélancolie sauvage et d'un effet puissant.

HIROSHIGHÉ II

315. Bataille de femmes. Grande composition tragi-comique nous montrant aux prises vinq-cinq femmes dans une mêlée où les coups pleuvent dru. Triptyque.

316. Le coucher. Au moment de se mettre au lit, une femme prépare sa lampe de nuit. La transparence du papier à travers laquelle on voit le bras est très bien observée et fidèlement rendue.

317. La lettre. Une petite fille apportant une lettre à une femme qui vient de se lever précipitamment et dont le peignoir léger laisse voir dans sa transparence une partie du corps.

HOKOUSAI

(1760-1849.)

Le plus célèbre artiste de l'école Oukiyo-yé. Sur sa vie et ses œuvres innombrables, nous renvoyons à notre Catalogue de la collection Burty, page 130. Les meilleurs ouvrages à consulter sur cet artiste sont : *Hokousai*, par Edmond de Goncourt, et l'*Étude sur Hokusai* par M. Revon.

318. Les apparitions. Suite de cinq planches célèbres, publiées en 1830, sous le titre : *Hiakou monogatari. Les Cent Contes.*

1. *La Lanterne*, faite sur le modèle d'une tête de mort hideuse, se détachant, à demi-consumée, sur le bleu noir de la nuit.
2. *La Goule*, horrible femme, ouvrant une bouche sanguinolente, aux crocs saillants. Le monstre dévore une tête d'enfant.
3. *Le fantôme*. Tête décharnée vue en pleine lumière, tandis que, dans l'ombre verte, une main de squelette soulève une moustiquaire rouge.

4. *Le spectre*. La petite servante Okikou s'est jetée dans un puits, après avoir été durement grondée pour une assiette cassée. Son spectre glacé vient exhaler un soupir qui s'élève comme une légère fumée sur le ciel sombre, et le corps sortant d'un puits ressemble à un serpent dont les anneaux sont un enchaînement d'assiettes.

5. *Le serpent* s'enroulant autour d'un présentoir, parmi des souvenirs de mort, une fiche avec les dates de naissance et de décès, une feuille de bouquet tombée dans un bol, etc.

Cette série est considérée comme l'une des plus extraordinaires dans l'œuvre d'Hokusai, et comme une des conceptions les plus horrifiques de l'art japonais.

319. LES CENT POÉSIES expliquées par la nourrice (*Hiakounin isshu Ouwaga Yétoki*). Pièces en largeur aux riches tonalités.

1. Jonque chinoise près de rochers.
2. La récolte du riz.
3. Soir d'automne. Des paysans rentrant de la cueillette, leurs pelles fourchues sur l'épaule. Un cerf brame au haut d'une montagne.
4. En Chine, la lune rappelant au poète japonais son pays.
5. Dames en grand costume de cour dansant la nuit sur une terrasse, les cheveux épars, un éventail à la main.

320. MÊME SÉRIE. 4 planches.

321. LIEOU KIOU AKAÏ. Vues des îles de l'Archipel de Lieou kiou. 8 planches de grand format oblong. Série rare.

322. SETSOUGOU ET KIVA. Neige, lune et fleurs. Série complète en 3 planches de grand format oblong.

1. La neige sur les rives de la Soumida à Yédo.
2. La lune sur le Yodogawa, rivière d'Osaka.
3. Les fleurs de Yoshino aux environs de Kiôto. La montagne disparaît derrière le feuillage rose des arbres en fleurs.

323. LES PONTS. Suite de 11 planches publiées de 1827 à 1830 sous le titre : *Shokokou Meikiô Kiran*, vues pittoresques des ponts de diverses provinces.

1. Le pont de la lune reflétée, pont sur pilotis de bois dans la montagne Arashiyama, de la province de Yamashiro.
2. Pont de bateaux de Sano, province de Kôzouké. Effet de neige.

3. Le pont du nuage, reliant deux pics dans la montagne Guiô dô san à Ashikaga.
4. Tsouribashi, pont de cordages avec un filet dessous sur la frontière des deux provinces de Hida et de Yettchû.
5. Kintaïbashi, pont avec des piles en pierre, dans la province de Sou-wô.
6. Pont courbe en bois sur piliers très élevés, à Okazaki, sur la route du Tokaïdo.
7. Taïko bashi. Le pont de tambour du temple de Tenjin, de Kameïdo à Yédo, ainsi nommé à cause de sa forme.
8. Les ponts de Tempôzan, près d'Osaka, reliant une petite île pittoresque à la terre ferme.
9. La fête des lanternes sur le Temma bashi à Osaka.
10. Le pont de Foukoui de la province de Yétîzen, moitié en pierre, moitié en bois, séparant un district riche d'un district pauvre.
11. Yatsou bashi, le pont en 8 parties de la province de Mikawa, au-dessus d'un vaste marais.

324. LES CASCADES. Série intitulée : *Shokokou Takimégouri*, voyage autour des cascades, publiée en 1827.

1. Cascade Kirifouri (de la rosée tombante), avec un groupe de personnages en contemplation devant la chute.
2. Kiyotaki (cascade pure), près d'une route montant vers un temple de Kwannon.

325. VUES DU FOUZI YAMA. De la série : Les Trente-six vues de Fougakou.

1. Un coup de vent à Yéjiri (province de Sourouga).
2. Assemblée de grues à Minesawa (province de Sagami).

Pièces en largeur à tons verts et bleus.

326. LES RONINS. Les principaux épisodes de ce drame fameux. 11 planches en grand format oblong.

327. Le cortège de l'ambassadeur de Corée venu à Yédo dans le nengo de Bounka (1804). Suite de 5 planches en petit format mesurant plus d'un mètre en longueur. Très rare.

328. L'intérieur d'une maison verte. Intéressante composition de 5 feuilles, animée par un grand nombre de personnages. L'au-

tel domestique figure à la place d'honneur en ce lieu profane, tout paré pour un jour de fête.

329. Métiers et amusements populaires de la capitale. 12 planches de petit format. Suite excellente, pleine de mouvement et de vie, traitée avec cet humour, cet esprit bon enfant, cette gaîté qui sont un des charmes de l'artiste.

330. Quatre diptyques de grand format.

1. Le géant Benkei défendant un pont. Épisode de la guerre des Minamoto et des Taïra.
2. Scène de danse au milieu d'une immense salle éclairée par de grosses lanternes rouges (signée Shin saï).
3. Ingénieurs procédant à des levés de plans.
4. Procession de femmes dans un jardin de temple.

331. Oiseaux et fleurs. Quatre estampes de format carré, aux chaudes colorations.

332. Un paysage couvert de neige; où un poète chinois monté sur un cheval brun se détache sur le blanc de la terre, sur le bleu pâle du ciel. Pièce de grand format de la série *Shika Shashinkiô*. Images des poètes.

333. Courtisane en promenade. Curieuse pochade à fond gris, avec une large bande bleue où l'on voit, gravée en blanc, une poésie. Signé Taïto Katsoushika.

334. Une carpe jouant dans le courant d'une cascade. Admirable estampe de grand format, avec une large bande noire sur laquelle se détache, en blanc, une poésie. Signé Taïto Katsoushika.

335. Deux paysages neigeux. Pièces de grand format oblong.

1. Un cheval et quelques piétons sur un pont courbe tout blanc de neige.
2. La neige sur les rives de la Soumida à Yédo.

336. Trois pièces de format oblong. La folie de Komati. — Courtisanes de bas étage dans une barque, sous les piles d'un pont. — La danse de Shidzouka.

337. Peinture en grisaille sur un éventail. Un paysan sa hotte sur le dos; derrière lui la lune en son plein.

338. Sourimonos et pièces de grand format oblong. 6 pièces.
1. Enfant effrayé à la vue d'une peau de tigre.
2. Le marchand de peignes.
3. Le fabricant de poupées.
4. Paysage.
5. Les deux porteuses d'eau salée.
6. La terrasse du daïmiyo.

ÉLÈVES D'HOKOUSAI

HOKKEI

339. Deux pièces de format oblong. — Le passeur. — Dans une hôtellerie.

340. Trois pièces à fond jaune en hauteur. Les manzai du jour de l'an. — Un diable réfléchissant à ce qu'il va écrire. — Un marchand de poissons.

GAKOUTEI

341. Sourimonos. Carpe dans une cascade. — Danseurs comiques. Suite de trois sourimonos sur un fond à claire-voie. — Deux pièces doubles de cette série. Ensemble 6 pièces.

KEISAI YEISEN

342. Fleurs et oiseaux. 6 planches de format oblong.

343. Un aigle, perché sur un tronc neigeux, guette un petit oiseau qui s'envole à tire d'ailes.

344. Une femme ouvrant son parapluie. Estampe en format kakémono.

SHINSAI

345. Trois pièces de grand format oblong. Société joyeuse sur une terrasse au-dessus de la floraison rose des pruniers. — Femmes de la campagne près d'une hutte où aboutit une corde sur laquelle circule du haut de la montagne un panier de provisions. — Préparatifs d'un combat de coqs.

SHINMAN

346. Musiciennes et danseurs en plein vent. Long sourimono accompagné de poésies.

347. Deux femmes devant l'étalage d'une marchande d'épingles à cheveux. Jolie pièce carrée à fond jaune.

348. Trois sourimonos à tons roses.

KATANOBOU TOMO

349. Taïra no Kiyomori, brûlé par une fièvre qui dégage de son corps une odeur insupportable, est arrosé d'eau par les dames de la Cour. Estampe de grand format oblong.

A comparer avec la peinture de la Bibliothèque Nationale reproduite dans : *Bertin*, *Les guerres civiles du Japon*.

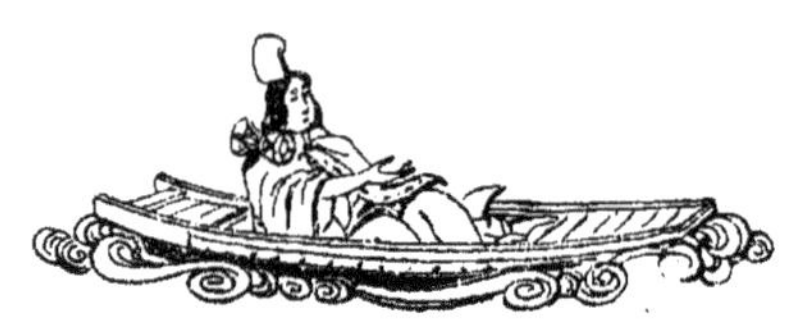

ALBUMS

ET LIVRES EN COULEURS

KORIN

1660-1716.

350 KORIN GWA FOU. Album des dessins de Korin. 2 volumes imprimés en couleur à Yédo en 1801.

Bel exemplaire irréprochable, en premier tirage, et absolument complet de ce chef-d'œuvre.

Planches célèbres : les sages dans les bois de bambous, les deux cigognes, les tortues, le bac, l'enfant et la grenouille et le gamin crachant en l'air, le colin-maillard, les porteuses de bois, le vol d'oies sauvages, les cerfs, les trois jeunes chiens, etc.

HOITSOU

L'éditeur des œuvres de Kôrin et le rénovateur de son style. Mort en 1828.

351. *O-sou gwa fou.* Recueil de dessins de O-sou, surnom de Hoïtsou. Album in-4 de gravures en couleur, publié à Yédo en 1817.

O-KIO MAROU-YAMA

1733-1793

Le fondateur de l'école naturaliste de Shijo, novateur hardi qui substitua au style conventionnel l'étude directe de la nature.

352. *O-kio gwa fou.* Recueil de dessins d'Okio, personnages, oiseaux, plantes, etc. 2 volumes imprimés en couleur à Kioto, en 1860. Belle impression rendant l'effet du pinceau dans les teintes dégradées.

ISHIKAWA MORONOBOU

353. *Wakokou byakou jo.* Cent femmes du Japon. Planches en noir. Imprimé en 1695. Très rare.

354. Description des endroits célèbres de Yédo. Gravures en noir accompagnant un long texte. 6 volumes publiés en 1678. Ouvrage complet, très rare.

355. *Yakouska monogatari.* Le théâtre japonais. 1 volume. Imprimé en 1704. Ouvrage rarissime, d'un beau tirage, et en bon état de conservation.

C'est toute l'illustration du théâtre : les coulisses, la répétition, la toilette des acteurs, la danse avec l'orchestre, la représentation de scènes de drame ou de comédie devant le public attentif, une scène de Nô, une arène de lutteurs, une danse de guéshas, etc.

TATCHIBANA MORIKOUNI

(1670-1748)

356. *Umpitsou So gwa.* Recueil de dessins et d'esquisses de Morikouni, publié en 1749. 3 volumes, gravures en noir.

Morikouni a une manière bien caractéristique. A force de dextérité et de sûreté dans le maniement du pinceau, il parvient à donner la forme voulue à tout ce qu'il jette sur le papier au moyen de simples écrasements d'encre de Chine. Chacune de ces taches brutales crée une chose ou un être et les dote d'une vie intense. Le contraste du blanc réservé au milieu des vigueurs noires constitue un jeu de lumière qui détermine un effet de modelé étonnant.

NISHIKAWA SOUKÉNOBOU

357. *Ehon tchyo mi gousa*. Recueil de portraits de jolies femmes, accompagnés de poésies. Gravures en noir. 3 volumes imprimés à Osaka en 1740.

Planches du plus beau dessin.

SOUKÉTADA

Fils de Nishikawa Soukénobou.

358. *Djo-ghei san-saï dzu yé*. Recueil de dessins représentant les divers arts des femmes, et attribués à Soukétada. Publié la 8e année du Nengo de Meïwa (1771). 26 planches imprimées à plusieurs tons dans lesquelles le rose et le vert dominent. Très rare.

TOBA

359. *Kei hitsou Toba gourouma*. Dessins rapides et fantaisistes. Osaka, 1783. 3 vol., gravures en noir.

Les caricatures ou charges humoristiques de ces trois volumes sont de ce genre que la tradition fait remonter au XIIe siècle et qui aurait eu pour premier auteur le prêtre Toba Sojo, d'où le nom de *Tobayé* donné à ces productions.

SHIGHÉMASSA ET SHOUNSHO

360. Seiro bijin awassé sougata kagami. Miroir des beautés de la Maison Verte. Illustrations en couleur par Kitao Shighémassa et Katsoukawa Shounsho. Publié à Yédo en 1776. 3 volumes, cartonnage gris clair poudré d'or.

Ouvrage célèbre par la beauté de son exécution et sa rareté. Le ton rose domine dans l'impression qui est un véritable chef-d'œuvre.

Les deux artistes nous montrent un essaim de jeunes beautés se livrant à leurs passe-temps favoris, se délassant dans des jeux d'adresse ou ornant leur esprit par l'étude, les unes se livrant à la peinture, les autres composant des poésies. On y distingue les occupations des quatre saisons, les jeunes filles lisent, écrivent des vers, coupent des fleurs, composent des bouquets, courent follement, se promènent, soignent des oiseaux, des poissons rouges, font de la musique, tirent de l'arc.

« Ces courtisanes, dit justement M. Duret, sont ici représentées dans des costumes et des poses si corrects, adonnées à des occupations ou à des divertissements si convenables, que le livre peut être mis sous les yeux de n'importe quelle personne des deux sexes, sans qu'on puisse y trouver à redire. »

KITAO SHIGHÉMASSA

361. Jeux d'enfants. Recueil de huit belles estampes en un album recouvert de soie.

La huitième, de Harounobou, nous montre une mère s'approchant de son petit garçon endormi sur son écritoire.

KITAO MASSANOBOU

362. Un concours de beautés, ou les occupations des jolies femmes au Yoshiwara. Album célèbre composé de sept grandes planches doubles, d'un beau style, en excellent tirage à tonalités délicates, avec un ton rose qui domine.

C'est la vie au Yoshiwara, décrite dans une succession de tableaux aux couleurs brillantes.

Traduction de la préface de ce chef-d'œuvre, « Un proverbe dit que même les plus grands peintres, qui reproduisent d'un coup de pinceau les fleurs, ne peuvent reproduire leur cœur. Ce livre que nous publions sous le titre : *Un concours de beautés* contient non seulement l'image des dames les plus remarquables du Yoshiwara, mais encore une reproduction de leur écriture. Nous pouvons donc dire que ce sont des fleurs parlantes. Ceux qui auront ce livre, même s'ils ont la dureté de Henjiô (bonze d'une grande austérité) deviendront fous d'amour... »

KITAO MASSAYOSHI

mort en 1824.

363. SANSOUI RIAKOU GWA SHIKI. Croquis de paysages. Impression en couleurs, Yédo, 1800.

Signé Keisai (un des noms de Kitao Massayoshi).

Les paysages de cet album, dit M. Duret, sont d'un ordre essentiellement impressionniste. Les traits en noir forment des croquis que viennent compléter de légers tons gris ou jaune clair. L'album est un intéressant spécimen de cette manière très particulière de Massayoshi qui consiste à rendre l'aspect des choses et des êtres en réduisant le nombre des traits à l'absolu minimum.

TORIYAMA SEKIYEN TOYOFOUSSA

(fin du XVIIIe siècle), le maître d'Outamaro.

364. *Sekiyen gwa fou*. Recueil de dessins variés. 2 grands albums de superbes gravures en couleurs imprimés en 1773. Très rare.

Le chef-d'œuvre de l'artiste. Exemplaire du premier tirage. Planches célèbres : les paons au milieu des pivoines, la sauterelle, Hotei avec sa grosse face en transparence derrière un éventail vert, quatre singes d'un dessin bizarre, des enfants se jetant des poissons à la tête, un singe épluchant des fruits, etc.

OUTAMARO

365. *Ehon moushi yérabi*. Album d'insectes choisis. 15 planches en couleur. Publié à Yédo en 1787.

L'album est précédé d'une préface de Toriyama Sekiyen, le maître d'Outamaro, célébrant le naturisme de son petit et cher élève « Outa ». De Goncourt cite, comme planches tout à fait extraordinaires, les jeux d'une grenouille dans une feuille de nénuphar, la poursuite d'un lézard par un serpent ; il s'extasie sur « le détachement étonnant de la chenille, de la sauterelle, du cerf volant, sur la douceur du rose des floraisons ; il admire « le trompe-l'œil » du bronze vert du corselet des scarabées, de la gaze diamantée et émeraudée des ailes des libellules, enfin l'introduction si savante, si habile dans la coloration des insectes, des brillants et des reflets métalliques, que la lumière fait apparaître sur eux.

366. *Shioki no tsouto*. Souvenirs de la marée basse. Album de 8 planches en couleur, imprimé à Yédo (1792). Exemplaire en très beau tirage et en parfait état.

Chaque planche est accompagnée de poésies sur les coquillages, composées par les membres d'une société littéraire. La première planche représente des femmes et des enfants cherchant des coquilles sur une plage dont la mer s'est retirée. Et c'est après, une suite de planches « rendant le coloriage impossible des coquilles aux taches diffuses de pierres précieuses, de ces coquilles de nacre, de ces coquilles de burgau, de ces coquilles striées, feuilletées, tubuleuses, vermiculaires, ou aiguillées de piquants comme le dos des hérissons ». Le livre se termine par une planche représentant le jeu de *kai-awatsé*, un jeu spécial aux jeunes Japonaises qu'on voit accroupies dans un joli intérieur, autour d'un rond de coquilles.

367. FOUGHEN ZÔ. Promenades au temps de la floraison des cerisiers. Charmant et rare album illustré de cinq planches en couleurs et daté de 1790. Très beau tirage en excellent état.

On connaît le goût des Japonais pour les fleurs. Un bouquet, un arrangement de plantes dans un vase sont des œuvres d'art à leurs yeux. Au printemps on va voir en foule fleurir les pruniers à Mouméyashi ; en avril on vient à Oji pour admirer la neige rose qui tombe des cerisiers. En juin, c'est le tour des glycines. Enfin en automne, le chrysanthème est la fleur favorite. C'est une suite de ces tableaux chers aux Japonais que nous représente Outamaro dans cet album où toutes les scènes sont représentées parmi la floraison des cerisiers de la province de Yoshino-yama.

368. SEIRO ÉHON NEN JOU GHIO JI. Annuaire des maisons vertes. 2 volumes illustrés de 19 planches en couleur, imprimés à Yédo en 1804. Très bel exemplaire de premier tirage.

De Goncourt consacre une longue notice à ce livre célèbre. Voici le détail des planches : I. Les nouvelles toilettes; 2. Les nouvelles couvertures; 3. Une *kamouro* promue au rang de *schinzo* ; 4. Les femmes derrière les baies à treillis ; 5. Sujet analogue ; 6. La promenade aux cerisiers fleuris; 7. Le colin maillard ; 8. L'audition d'une chanteuse; 9. La fête des lanternes; 10. Le Niwaka, ou carnaval. — II : 1. L'exhibition des robes blanches peintes (commencement de septembre) ; 2. La contemplation de la lune ; 3. La première entrevue ; 4. Le souper; 5. Le nettoyage de la maison ; 6. Les adieux; 7. La punition d'un infidèle ; 8. La fabrication des gâteaux de riz; 9. La peinture d'un Ho-ô.

TOYOKOUNI

369. *Ehon imayo sougata*. Les mœurs du jour. 2 volumes illustrés de 24 gravures en couleur à double page. Imprimé à Yédo, 1802.

Sorte d'Annuaire des maisons vertes à comparer avec celui d'Outamaro ou le *Seiro bijin* de Shounsho. Le premier volume est consacré aux femmes honnêtes de toute condition. Le second nous montre les mœurs des courtisanes, depuis l'élégante *Oirau* du Yoshiwara jusqu'à la prostituée des rues, les plaisirs des maisons vertes et les heures d'ennui, les splendeurs et le luxe éphémère aboutissant aux turpitudes et aux misères que nous montrent les deux dernières planches.

HIROSHIGHÉ

370. LES CINQUANTE-TROIS STATIONS DU TOKAÏDO (route de la mer de l'est) ; album de 55 belles planches en couleur.

371. Les soixante-neuf stations du Kisokaïdo (route de Kiso). Bel album de 70 estampes en couleur.

HOKOUSAI

372. TOKAÏDO GO-DJIOU SAN TSOUGI. Suite de 56 planches représentant les stations de la route du Tokaïdo. Édition de 1810, dite *rose*, à cause de la couleur des grands nuages qui viennent couper le haut de chaque composition. Très rare.

373. SHASHIN GWA FOU. Album de dessins d'après nature, publié à Yedo en 1814.

Réunion de dessins de grand style, et d'un tirage soigné, considérée comme l'œuvre maîtresse d'Hokusaï et comme le plus rare de ses albums. L'exemplaire est en excellente condition.

374. FOUGAKOU HIAK'KEI. Les cent vues du Foujiyama. Édition originale de 1830. 2 volumes in-8. Rare.

Cette édition superbe, complète en ses deux volumes, est connue sous le nom d'édition à la Plume de faucon, parce que la fiche collée sur la couverture, et sur laquelle le titre est imprimé en bleu, est décorée d'une plume de faucon. La couverture est ornée de gaufrures représentant des vues du lac Biwa.

375. FOUGAKOU HIAK'KEI. Les cent vues du Foujiyama. Première édition, de 1834. 3 vol. in-8.

Dans cette œuvre fameuse, Hokousai a représenté le volcan sous tous les aspects imaginables : enveloppé dans les nuages, vu de la mer, par dessus les rizières, à travers les mailles d'un filet de pêcheur. Le premier plan des compositions est souvent occupé par des scènes de genre où l'artiste a déployé tout son humour et toute sa fantaisie. Le *Fougakou hiak'kei* est l'une des œuvres les plus originales d'Hokousai.

376. LA MANGWA d'HOKOUSAI. 14 volumes en beau tirage avec un ton rose (sauf le volume XII qui est en noir).

Sous ce titre de *Mangwa*, ou *rapides esquisses*, Hokousai nous donne une véritable encyclopédie du dessin, une revue d'ensemble de la vie japonaise. C'est un monde, dit Ary Renan. On se demande ce que Hokousai peut avoir oublié. Point de redites, point de défaillances. Le rouleau se déroule à perte de vue, toujours égal.

GAKOUTEI (Yashima)

élève de Shounsho et d'Hokousai.

377. *Moura saki gousa.* Herbe violette. Anecdotes morales sur les femmes. 2 volumes de planches en couleur imprimés à Yédo en 1827.

SHIBA KOKAN

378. Voyage à l'Ouest (de Tokio à Nagasaki. Récit humoristique de tout ce qu'il a vu. 5 volumes, gravures en noir, imprimés à Osaka.

Ce fut vers 1780 que Kokan apprit d'un Hollandais, établi à Nagasaki, l'art de la gravure sur cuivre et la perspective. Plus tard il fit un voyage en Europe et s'essaya dans la peinture à l'huile. Ses œuvres, d'un caractère original, ont de la verve, de la gaieté. Elles sont assez rares.

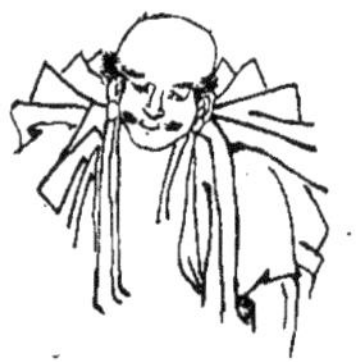

PEINTURES

KAKÉMONOS ET PARAVENT

ÉCOLE BOUDDHIQUE

379. Les miracles de Bouddha. Longue peinture d'environ 5 mètres de long sur 1 mètre de haut, avec une multitude de scènes et de personnages groupés autour du Bouddha dans sa gloire. Grande peinture de temple.

KORIN

1660-1716

Comme peintre et laqueur, c'est un des artistes les plus vantés et les plus goûtés au Japon. Il a fleuri à l'époque Genrokou (1688-1703) qui a été un moment de perfection pour l'art japonais. Et son influence a été grande sur le décor des laques, des poteries, des bronzes. Il procède dans son dessin d'une manière extrêmement simplifiée, par grands traits et par touches de large surface.

380. Précieux kakémono peint par Kôrin, avec le cachet de l'artiste. Deux cigognes blanches au milieu d'iris. Pièce exceptionnelle. Les œuvres originales de ce maître sont de la plus grande rareté.

HANABOUSA ITCHO

381. Kakémono, par Hanabousa Itchô. Peinture de format oblong,

à l'encre de Chine, sur soie, représentant des gens surpris par une violente rafale qui brise les arbres, retourne les parapluies, fait voler tout dans la campagne.

OKOUMOURA MASSANOBOU

382. Belle peinture, encadrée sous verre.

Une longue galerie, ouverte sur une cour intérieure. On y voit un grand nombre de personnages habilement groupés, quelques-uns à travers la transparences d'étoffes légères. La peinture est exécutée dans des tonalités assourdies de vieille tapisserie. C'est une œuvre vraiment intéressante.

KORIOUSAI

383. Panneau en forme de kakémono dans un encadrement laqué. Un aigle près d'un bananier, au-dessous de chrysanthèmes. Par Koriousai. Curieux et rare spécimen des peintures dites *nori-yé* (à la colle). L'oiseau, les plantes et tous les accessoires sont exécutés en cire, en relief, et collés, puis peints. Il n'est guère venu en Europe d'œuvres de ce genre.

SO TA TSOU

384. Deux kakémonos anciens, attribués à So ta tsou. Fleurs et oiseaux, traités dans le style des laqueurs. Pièce de haut intérêt.

385. Autre kakémono attribué au même artiste. Fleurs et papillon.

TCHIO KOUSAN

386. Dix kakémonos attribués à Tchio Kousan, et représentant des faucons. Importante et curieuse série de 10 belles peintures, dont l'ensemble peut fournir la décoration de toute une salle.

HANABOUSA ITCHO

387. Grand paravent de 12 feuilles, peintes par Hanabousa Itchô (1652-1724).

Les baguettes, formant les encadrements, sont en fine laque noire, avec ferrures en bronze.

Le paravent est livré dans une caisse fort ancienne, décorée de fers découpés qui est elle-même une pièce fort intéressante.

Les peintures du grand fantaisiste sont exécutées à l'encre de Chine et à la gouache. Ce sont des scènes des rues, traitées avec cette verve, ce mouvement, cet esprit qui distinguent toutes les productions d'Itchô. Citons : la douche, l'équilibriste, le marchand de jouets, le montreur de singe, les manzaï, etc.

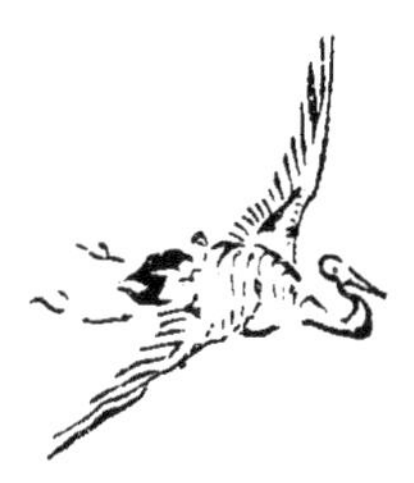

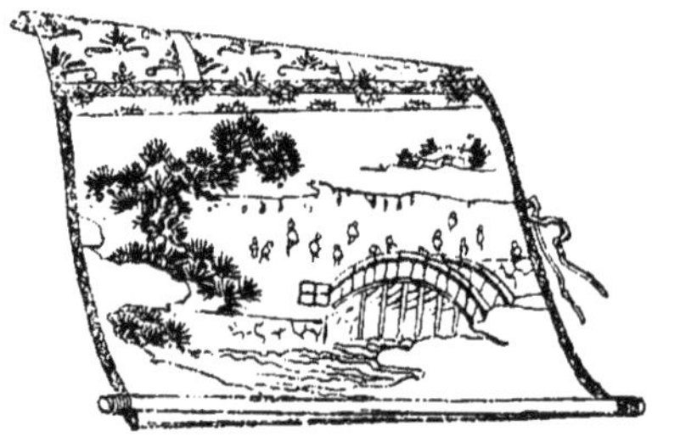

OBJETS D'ART

ET

DE CURIOSITÉ

BOUDDHA ASSIS SUR UNE FLEUR DE LOTUS

388. Grande statue en bronze, d'une hauteur totale de $1^{m},17$ (0,75 pour la statue, 0,42 pour la fleur de lotus).

Bronze d'une fort belle patine, coulé à cire perdue. Pièce exceptionnelle, digne de figurer dans une des grandes collections de l'Europe.

Ce bronze a été exécuté par souscription publique. Le nom des donateurs, fort nombreux, est gravé sur les feuilles du lotus. Il appartenait au temple de Djo Foukouiu, situé dans la ville de Kamori (arrond. de Youki, province de Shimosa), au nord de Tokio. Le grand prêtre qui l'a consacré s'appelait Guen-kai. Son nom est gravé avec celui des autres donateurs. Conformément à l'inscription, la souscription a été ouverte au début de la période Genrokou (1688). Ce n'est que sept ans plus tard que le travail fut achevé.

La composition de ce bronze est la suivante : or, 500; zinc, 16.800; mercure 1950; cuivre 980.750.

BRONZES. — FER

389. Faisan en fer forgé, brûle parfums. Grande pièce artistique, signée : Mio tchin Mouné yoki. Socle en bois finement ouvragé.

390. La déesse Amida agenouillée, tenant entre les mains la fleur sacrée du lotus. Bronze doré de la période Genrokou (1688-1703).

391. Vieux bronze japonais. Chi-chi.

392. Le dieu Cheou lao, monté sur son cerf, et tenant en main son sceptre. Statuette bronze.

393. Daim sacré debout, broutant une branche de saule. Bronze chinois.

394. Vase cornet. Bronze chinois, dit aux *Cent anneaux*. Dynastie des Song.

BOIS SCULPTÉS

395. Grand panneau en bois naturel, avec des incrustations de poteries diverses par Ritsouô. Très belle pièce, d'une authenticité incontestable.

396. Panneau chinois, bois sculpté en relief, avec une peinture laque blanche représentant la déesse de la Beauté assise sur un rocher. Pièce d'un travail très fin.

397. Statuette antique (hauteur $0^m,48$ y compris le socle ». Sennin soufflant dans une conque marine. A ses pieds, dans le drapé des vêtements, se cache un petit enfant.

398. Statuette bois peint et laqué. Nara. Le bonze Nitiren tenant un pinceau.

399. Statuette bois naturel. Le bonze Nitiren.

POTERIES

400. Statuette poterie. Portrait de Lekiou, l'inventeur de la cérémonie du *tcha no you*.

401. Grès de Bizen. Aigle de mer. L'oiseau, au ventre moucheté, est perché sur un rocher rougeâtre. Très belle pièce de collection.

402. Grès de Bizen vert.

403. Statuette. Mendiant accroupi, une jambe croisée sur l'autre. Poterie de Fushimi.

404. Statuette. Sennin assis. Poterie de Hakata.

405. Statuette. Ascète assis. Grès de Bizen.

406. Statuette. Le Sennin Hauzan. Grès de Bizen, signé Kimami Sakou.

407. Statuette, par Go-mon.

PORCELAINES

408. Porcelaine chinoise sang de bœuf. Socle.

409. Bouteille flambée.

410. Bouteille, porcelaine chinoise, époque de Khien-long. Décor paysage, arbres et cerfs. Très jolie pièce.

411. Potiche porcelaine chinoise. Époque des Ming.

412. Bouteille sang de bœuf flambé, couleur éclatante. Époque de Khien-long. Socle.

413. Gargoulette, de couleurs brillantes. Époque Young-tching. Socle.

414. Potiche avec couvercle. Époque Ming. Socle.

415. Vase porcelaine japonaise. Vieil Imari. Socle.

416. Petit vase porcelaine chinoise. Époque Khien-long. La peinture de ce vase, ainsi que les physionomies des personnages, sont exquises. Le rose de la robe du vieillard est merveilleux. Socle.

417. Vase flambé. Socle.

418. Vase porcelaine japonaise. Vieil Imari, décoré de branchages d'un beau bleu, avec fleurs polychromes en relief. Époque Genrokou. Socle bois fouillé et niellé.

419. Vase porcelaine chinoise, avec couvercle. Époque Young-tching. Socle.

420. Vase flambé. Époque Takouan. Socle.

421. Vase porcelaine chinoise, avec couvercle. Époque Young-tching. Socle.

422. Gargoulette fond gris à grandes craquelures et taches flambées, très originale. Époque Khien-long. Socle.

423. Vase céladon, décor blanc à relief. Époque Khien-long. Très jolie pièce. Socle.

424. Vase cornet, décor capucine avec réserves vertes. Époque Khang-hi. Socle.

425. Vase porcelaine chinoise, avec attributs en relief. Époque Khien-long. Socle.

426. Vase porcelaine chinoise, blanc et bleu. Le bleu est de toute beauté. Socle.

427. Vase porcelaine chinoise, fond blanc, décor à relief bleu gris. Socle.

428. Vase porcelaine chinoise, fond vert aventurine. Le vert oseille aventurine est absolument introuvable aujourd'hui. Pièce de toute beauté. Socle.

429. Vase porcelaine chinoise, fond blanc décoré sur le devant de deux pivoines. Sur le derrière du vase, des caractères chinois. Époque Young-tching. Socle.

430. Grand vase porcelaine chinoise. Fond bleu fouetté uni, rehaussé de dessins or. Époque Khang-hi. Socle.

431. Bouteille porcelaine chinoise. Époque Ming.

432. Deux vases porcelaine chinoise, forme cornet ($0^{m},75$ de hauteur) fond noir et décor à cinq couleurs. Pièces de la période Ta Kouan (1821-1840), imitant le style de Khang-hi. Les caractères chinois signifient : « Beaux vases de la maison de jade ». Socles.

433. Vase porcelaine chinoise, forme cornet ($0^{m},75$ de hauteur), décor de phœnix et de pivoines rouges. Très belle imitation des vases de la période Khang-hi. Socle.

IVOIRES

434. Statuette ivoire. Un capitaine, sabre au clair, conduisant ses hommes au feu, sauve un petit bébé chinois dont les parents viennent d'être massacrés. Épisode de la guerre sino-japonaise.

435. Singe en ivoire. L'animal, attaché sur un tronc d'arbre, fait tous ses efforts pour atteindre de sa patte droite un petit crabe grimpant le long du tronc.

436. Vieillard élevant un enfant à bout de bras. Le costume et la coiffure sont du temps de la période Geurokou. Ivoire moderne, signé Shimamoura Yoshi-hoki, artiste médaillé à Paris. Poids 4kg,750.

437. Cacatoès perché sur un tronc d'arbre. Poids 1kg,600.

438. Petite boîte rectangulaire, vieil ivoire, décorée sur le couvercle d'un faucon attaquant une cigogne en laque, en relief.

439. Petite boîte vieil ivoire, en forme de concombre. Sur le couvercle, une petite grenouille grimpant.

440. Tabatière ivoire. Caractères noirs gravés en creux. Bouchon.

ARGENT

441. Théière en argent repoussé, avec son couvercle. Poids 272 grammes.

442. Brûle-parfums argent émaillé. Couvercle forme cylindre.

LAQUES

443. Petite boîte rectangulaire, en vieille laque d'or. Dans le fond, une langouste rouge aplatie.

444. Petite boîte en vieille laque d'or. Le dieu Daïkokou, assis à côté d'un sac de friandises.

445. Petit plateau ovale, laque frottée imitant le shibouitshi décoré d'une langouste en laque rouge en relief.

INROS

446. Inrô coquille d'œuf, décoré d'un coq et d'un serpent en laque en relief. Signé Ko-ami Tcho-ka, avec son netsuké.

447. — laque d'or, avec incrustations de nacre et d'étain. Cigognes et fleurs. Signé Korin. Netsuké.

448. — laque frottée d'or, imitant le shibouitshi, incrustations de coquillages en relief. Au revers, des poissons finement gravés en creux. Netsuké. Signé Kan-sho-saï Toyo.

449. — Shiramé (pavage d'or). Aigle enlevant un enfant. Netsuké. Signé Kan-sho-saï Toyo.

450. — laque d'or avec incrustations. Un Hollandais dans sa maisonnette à Deshima. Le netsuké, bouton ivoire avec plaque de shibouitshi est reproduit dans le *Japon* de Gonse.

451. — laque noire, décoré d'un martin pêcheur en poterie. Signé Hanzan. Le netsuké est de Ritsouô qui fut le maître d'Hanzan.

JADES

452. Coupe jade. Joli travail fort artistique, nuance blanc verdâtre. Très beau socle.

453. Jade taillé en forme de calice de fleur. Socle.

454. Petit vase jade blanc, avec anneaux mobiles.

455. Coupe jade verdâtre, finement ciselée, paysage. Socle et couvercle bois niellé argent.

456. Coupe jade blanc, légèrement verdâtre. Doubles anses fixes figurées par des enfants. Couvercle et socle bois.

457. Vase jade verdâtre. Couvercle et socle.

458. Deux pièces. Petit ornement ovale, jade, monté sur un socle en bois fouillé. Petit ornement cornaline sur socle.

459. Coupe jade vert de mer, en forme de feuilles de nénuphar. Joli socle bois découpé.

460. Coupe jade blanc légèrement verdâtre, sculptée en forme de feuille de lotus. Socle.

TABATIÈRES ET PIÈCES EN PIERRE DURE

461. Tabatière porcelaine monochrome, vert camélia, finement truitée.

— verre blanc, rosaces roses en relief. Attributs du bonheur en Chine.

462. — en améthyste, en forme de conque marine.

463. Trois tabatières en verre dont deux en verre à deux couleurs, taillé.

464. Trois tabatières, verre.

465. Deux — porcelaine, époque Takouan.

466. Deux — — — —

467. Tabatière porcelaine fond blanc et bleu.

— — fond haricot et dragon bleu.

468. — — époque Kia-Kin (1796-1820).

469. Deux tabatières, fond blanc.

470. Deux — époque Takouan.

471. Tabatière, calcédoine ciselée.

472. Tabatière cristal de roche, taillée en relief.

473. — agate grise.

474. Petit vase, cornaline unie. Socle cristal.

475. Petit vase, cornaline. Socle cristal.

476. — — agate orange. Socle agate orange.

477. — — cristal de roche taillé, doubles anses fixes. Socle, travail japonais.

478. Petit presse-papier. Bœuf cristal de roche tenu en laisse par un enfant rouge, accroupi sur l'arrière de l'animal. Travail chinois.

479. Petite pièce cornaline. Chien rapportant un oiseau.
— — agate rouge. Chine.

480. — — cornaline. Chine.
— — agate rouge. Chine.

481. Trois pièces, cornaline, poissons.

482. Trois pièces, cornaline, grenouilles.

483. Deux petites pièces, cornaline, coq et poule.

484. Deux — — agate. — —

485. Grande pièce agate. Oie.

486. Coupe ovale, cornaline unie, rouge vif veiné. Socle bois. Très belle pièce.

GARDES DE SABRE

487. Garde en fer, formée d'un serpent enroulé. Voir le *Japon artistique*, de Bing.

488. Garde en fer, dite Yoshiro. Kaminari, le dieu du tonnerre. Signée : Massayoshi.

489. Garde en shibouitshi. Jeune femme debout appelant un chat. Elle se tient derrière un store qui la dissimule à moitié. L'autre partie du corps s'entrevoit à travers les lames du store. Celles-ci sont en or. Au revers, un phœnix gravé en creux. Jolie pièce du commencement du XIXe siècle. Signée : Itshignouro Massayoshi.

490. Grande garde en argent. Le dieu Yébisou et un enfant, ciselés en relief. Signée Sirio Kaine.

OBJETS DIVERS

491. Cabinet bois laqué, inscrustations nacre, ivoire.

492. Autre cabinet, même décoration.

493. Petit poisson en nacre. Petite grenouille à tête blanche, onyx.

494. Coupe à trois pieds en cornaline.

495. Souris, en corne de cerf.

496. Petit flacon à parfums, fermé par une pièce ancienne de monnaie d'argent (des Indes?), partagée en deux parties.

497. Collection de 516 monnaies anciennes, dans une très jolie boîte à tiroirs laqués.

498. Six volumes de numismatique japonaise.

499. Cinq grandes affiches du théâtre. Pièces anciennes, en couleur.

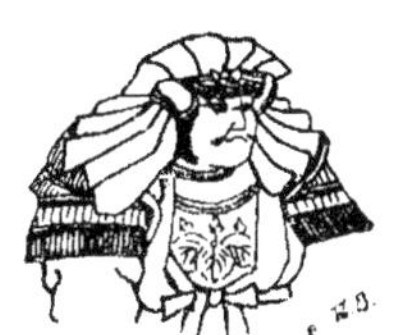

TABLE DU CATALOGUE

ESTAMPES JAPONAISES

ALBUMS EN COULEUR

OBJETS D'ART ET DE CURIOSITÉ

ANGERS. — IMPRIMERIE ORIENTALE A. BURDIN ET Cie.

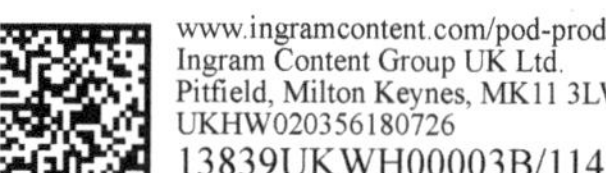

www.ingramcontent.com/pod-product-compliance
Ingram Content Group UK Ltd.
Pitfield, Milton Keynes, MK11 3LW, UK
UKHW020356180726
13839UKWH00003B/1145

9 782329 516622